CONTRIBUTION OF RĀMACANDRA PAṆḌITA TO SANSKRIT LITERATURE

CONTRIBUTION OF RĀMACANDRA PAṆḌITA TO SANSKRIT LITERATURE

edited by :

Prof. Dr. M.L. Wadekar

Offg. Director,

ORIENTAL INSTITUTE,

M.S. University of Baroda,

Vadodara

BKP

BHARATIYA KALA PRAKASHAN

DELHI (INDIA)

First Edition : 2006

ISBN : 81-8090-099-1

Published by : C.P. Gautam
for BHARATIYA KALA PRAKASHAN
3421-A, IInd Floor, Narang Colony,
Tri Nagar, Delhi-110035.
Phone : 27393083, 30967505 (O)
27177129 (R)

Laser Typesetting by : Twinkle Graphics, Delhi-88

Printed at : Santosh Offset Press, Delhi.

CONTENTS

FOREWORD

Rāmacandra Paṇḍita, son of the great saint Siddheśvara Mahārāja of Kolhapur was a versatile scholar, who wrote numerous treatises and *Stotras* in Sanskrit and Marathi. In August 2001, Shri Yashavata Maharaja, present heir of the family made a generous donation of more than eight hundred manuscripts to the Oriental Institute of Baroda. As I am also related to him, he was gracious enough to give me the Xerox–copies of the works of Rāmacandra Paṇḍita and suggested to publish all of them in a book form. I am greatly indebted to him and his family members for this kind gesture.

Accordingly, I started collecting, copying down and editing those works. Shri Milind Joshi, the former Research Assistant, Oriental Institute, Baroda has also helped me in copying down some of the works in the present collection. I am thankful to him for his assistance. I am also thankful to Dr. S.Y. Wakankar for his help in various ways for the publication of this book. I am indebted to Shri C.P. Gautam for accepting this small work for publication and bringing it out quickly in a nice way.

The book contains six philosophical works, ten Sanskrit *Stotras*, Sanskrit *Ārārtikyas,* Miscellaneous *Ślokas* and two works–the *Kuṇḍavedikākṛti* and the *Vṛttābhirāmaḥ* all of which are composed by Rāmacandra Paṇḍita. It can highlight the outstanding contribution of a scholar to the varied fields of Sanskrit literature, especially the *Vedānta* and the *Stotra* literature. The philosophical works incorporated the lucid metrical and prose exposition of the tenets of the *Advaita Vedānta* and *Stotras* are replete with the devotional fervour.

Rāmanavamī **M.L. WADEKAR**

INTRODUCTION

Rāmacandra Paṇḍita

Indroductory

The Sanskrit language has a long-standing tradition of various scholars, writing scholarly treatises on different *śāstras*. Every region of India has been gifted with talented *Paṇḍitas*, enriching the scholarly literature, in different periods of its history. Rāmacandra Paṇḍita is one of such versatile savants of Sanskrit literature, whose contribution to various *śāstras* in the form of different scholarly works has less been taken notice of by Modern researchers. In this book, an attempt is made to introduce this great scholar from Kolhapur and his rare and unique works which have not yet come to light and have remained in manuscript form.

Biographical Information

Rāmachandra Paṇḍita was the eldest son of the revered Siddheśvara Mahārāja of Kolhapur. Fortunately enough, we get much detailed biographical information about him and his family. His father Śrī Siddheśvara Mahārāja[1] was a great Saint and an ardent seeker of truth. He was born on the ninth day of the bright fortnight of the month *Caitra* in year *Śake* 1665 *i.e.* 1743 A.D. His mother's name was Godāvarī and that of his father was Rāmabhaṭṭa Bābā. He belonged to Kṛṣṇātri *gotra* of *Mādhyandinī* Recension of *Śukla Yajurveda.* It is believed that his father propitiated Lord at the self-born (*Svayaṁbhu*) Harihareśvara temple and obtained through the grace of God, the son, who is considered to be the incarnation of Bhairava. He was given *Upanayana Saṁskāra* at the age of five and was married also at an early age but unfortunately his first wife died very early. He was again married with Bhavānībai or Bāi Mahārāja, who was a daughter of Gaṅgādhara Panta of Surangali village. He was a disciple of Guru Amṛtarāva of Aurangabad and studied *Vedas* and several *Śāstras,* under Advaitānanda at Kashi. When his Guru Advaitānanda took *Samādhi,* he returned to Maharashtra. Thus he came in contact with three great saints namely Advaitānanda, Yogānanda and Vaikuṇṭharāya. As he was an ardent devotee of god, he obtained some miraculous power and *Vācāsiddhi.* His grandson Śrīkṛṣṇa Paṇḍita has dilated much upon this aspect of his personality in the biography, written by him. He wrote a treatise named *Sāraṇī*. He took *Samādhi* on the sixth day of the dark fortnight of the month of *Vaiśākha* in 1801 A.D. at Kolhapur.

Rāmcandra Paṇḍita[2] was born on Sunday, the ninth day of the dark fortnight of the month of *Caitra* in *Śake* 1691 *i.e.*, 29th April 1769. He had traditionally studied different *Śāstras* like *Vyākaraṇa, Nyāya, Dharmaśāstra, Alaṅkāraśāstra, Śrauta, Smārta and Mantraśāstra.* At the age of eleven, he was well-versed in the *Ṛgveda* and the *Yajureda* with *vikṛtis*. Right from his eleventh year, he started studying *Vyākaraṇaśāstra* under Mahādeva Śāstrī, *Nyāyaśāstra* under Narasiṁhacārya Patykuṇḍi, *Śrautasmārta* from Raṅgabhaṭṭa Śukla and *Mantraśāstra* and *Vedāntaśāstra* from Śrī Siddheśvara (his father). He also knew *Chandaḥśāstra* and other literature like *Nāṭaka, Campū* etc. He was well-versed in different arts. He knew *Keralajyotiṣa*. He was proficient is *Saṅgītaśāstra*, knew *Rāgarāgiṇīs* and could compose himself some songs in those *Rāgas*. He was so much expert in swimming that he could swim the river Kṛṣṇā of Narasimhapur from one end upto seven hundred *Hastas* (about 12600 inches) away and return without allowing the water to touch even the *Tilaka*-mark, made on his chest. During 12 to 23 years of his life, he obtained expertise in all *Śāstras* and arts. He had an extra-ordinary physical beauty and great bodily strength. He also knew other arts like horse-riding, archery, aiming etc.

In view of his extra-ordinary intellect and scholarship, his preceptor advised him not to indulge in dispute (*Vādavivāda*) in *Vidvatsabhā*–assembly of scholars, as that would insult other scholars. Hence he relinquished going to assembly of scholars and followed the practical path of *Karma, Jñāna* and *Upāsanā* and initiated, advised disciples to follow this path and thus uplifted the ignorant people. He himself behaved like Janaka Vaideha. It is said that king of Kolhapur, Chatrapati who had become his disciple, offered him his entire kingdom and even the title or degree of *Mahārāja,* but he had no attachment for anything. He was mercy, modesty and tranquillity incarnate. He took *Samādhi* on Sunday the 3rd day of bright fortnight of *Vaiśākha* in *Śake* 1752 (*i.e.,* 25/4/1830).

From his work, the *Daśopaniṣadrahasya*, also his devotion to Rāma is evident as he starts with the benedictory word Rāma and thus performing *maṅgala* with the name of his own favourite deity at the outset. In the last verse also, he describes himself as a bee at the Lotus-feet of Śrīrāma. He himself informs us that he had obtained realization of unity with *Brahman* through the grace of his preceptor. The colophon of the above work gives us additional information that he was *Vidvanmukuṭālaṅkārahīravara* (supreme gem in the diadem ornament of scholars) and was *Rājayogivarya* (best among *Rājayogis*).

The following is the genealogical table[3] of the Siddheśvara family of Kolhapur :

- Rāmabhaṭṭabābā
  - Harabhaṭaji
  - Śri Siddheśvara Mahārāja
    - Śrī Rāmacandra Paṇḍita (Bābā Mahārāja)
      - Śrī Kṛṣṇa Paṇḍita (Bāpū Mahāraja)
    - Nārāyaṇa Paṇḍita (Śrī Nānā Mahārāja)
    - Vāsudeva Paṇḍita (Śrī Bhāu Mahārāja)
      - Śrī Tātyā Mahārāja
        - Śrī Bābā Mahārāja (Dattaka, wife Baimahārāja)
          - Paṇḍita Jagannātha Mahārāja (Poona)
            - Bāḷū
            - Bhāu

Works of Rāmacandra Paṇḍita

Rāmacandra Paṇḍita has contributed several scholarly treatises to Sanskrit and Marathi Literature, most of which have remained less-known and unpublished.

I. His Philosophical works in Sanskrit

1. *Īśāvāsyopaniṣadrahasyastotram*
2. *Īśāvāsyopaniṣadrahasyavivṛtiḥ,*
3. *Daśopaniṣadrahasyabhāṣyam,*
4. *Śārīratātparyasaṅgrahaḥ* or *Adhikaraṇamālā,*
5. *Mahāvākyavivaraṇam,*
6. *Antarniṣṭhāṣṭakam*

II. *Stotras* in Sanskrit

1. *Gurumānasapūjā,*
2. *Guroraparādhāṣṭakam,*
3. *Rāmamahimnastotram,*
4. *Rāmamānasapūjā,*
5. *Rāmāṣṭakam,*
6. *Gaṅgāṣṭakam,*
7. *Śrīkṛṣṇapañcakam,*
8. *Vārāṇasīstotram,*
9. *Śrīrāmaśayanotsavaḥ,*
10. *Śrīrāmaprabodhotsavaḥ,*
11. *Saṁskṛta-ārārtikyam,*
12. *Saṁskṛtaprakīrṇaślokāḥ*

III. His works on some technical subjects in Sanskrit

1. *Kuṇḍenduḥ* or *Kuṇḍavedikākṛtiḥ*
2. *Vṛttābhirāmaḥ,*
3. *Prātiśākhyajyotsnā,*
4. *Baiṭhaparibhāṣā,*
5. *Aṣṭākṣaramantravidhānam*

IV. His two works in Marathi

1. *Bhagavadgītā-abhaṅga*
2. *Aṣṭāvakragītā-samaślokī*

I. HIS PHILOSOPHICAL WORKS

The present study is mainly based upon the manuscripts, preserved in the private collection of Śrī Yaśavanta Mahārāja, who is present heir and successor to the *gurumahārāja*-tradition, starting from Siddeśvara Mahārāja. He favoured me by supplying the original manuscripts of the above works for study and research purposes. He has also given me detailed information about the biography and contribution of Rāmachandra Paṇḍita. I am very much indebted to him for his kind jesture.

1. *Īśopaniṣadrahasyastotram*

As is evident from the title itself, the text is meant for expounding the secret of the *Īśāvāsyopaniṣad*–The first and the foremost *Upaniṣad,* of the *Śukla Yajurveda* to which the author, belongs. This is a small *stotra* of nineteen verses in *Indravajrā, Upendravajrā* and *Upajāti* metres. The first is a benedictory one, in which there is praise of the *Siddheśvara–sadguru,* dispelling the blinding darkness in the form of the seed of transmigratory existence. In the last verse, He offers this collection of verses to the Lotusfeet of his *Sadguru,* illuminating the secrets of this *Upaniṣad* of the *Mādhyandina* recension. One can get emancipation by reading it constantly. In the verses–two to eighteen, each verse of the *Upaniṣad* is explained with the self-composed verses by the author. The author generally follows the commentary of Śaṅkarācārya on the said *Upaniṣad,* he being the staunch follower of him.

2. *Īśāvāsyopaniṣadrahasyavivṛtiḥ*

This is in fact a self-composed prose commentary (*svopajñaṭīkā*) on the work mentioned above, composed by the author. As in case of other works, this also begins with benediction to his favourite deity Rāma and in the last verse, he offers his work to his preceptor. The *Īśāvāsyopaniṣad* is here explained verse by verse with a very exhaustive commentary, interspersed with quotations from different souces of *Śrutis* and *Smṛtis*–especially the other *Upaniṣads,* the *Bhagavadgītā,* the *Rāmagītā,* the *Yogavāsiṣṭha,* the *Bhāgavata* etc. The verses of the above text are quoted inbetween by the author as verses from his own collection. The commentary exhibits the scholarship and minute study of such different texts.

3. *Daśopaniṣadrahasyabhāṣyam*

Manuscript of the *Daśopaniṣadrahaṣyam*

It is a complete manuscript, written in *Devanāgarī* script containing thirteen folios, with extent of about four hundred *granthas.* It is copied on a paper of about 10.5 × 30.5 cms. size, written on both sides with margin of about three cms. on both sides and with upper and lower margin of about two cms. The handwriting of the scribe is quite clear. No information about the scribe is available. In the middle of the folios, two lines, of a *śloka* of the work are written and the commentary is written above and below it. Thus herein the *tripāṭha paddhati* of writing is followed. Enough space is left between the commentary and the text, so that the division of the two can be clearly understood. The two lines in the middle have about twentyfour letters each, while the commentary portion has about sixtyfour letters to a line with seven lines on each page. The margin on both sides is ruled with red pigment and some important words are also marked with red pigment. The corrections are also made with red pigment. The folios are numbered on both left and right side margins on back side. In each left hand side margin, the title '*Daśopaniṣad*' is written, while in each right hand side margin '*Rahasyaṭīkā*' is written. The marginal corrections and additions are rare.

The Present Work–*Daśopaniśadrahasya*

As evident from its very title, the *Daśopaniṣadrahasya* is a small but unique work on *Vedānta,* especially ten *Upaniṣads.* Here the author has summarised the esoteric teachings of each *Upaniṣad* in only single verse, composed by the author himself in *sragdharā* metre. Thus there are in all twelve verses, first being benedictory and introductory and the last being concluding, giving details about the author and the work etc. In verses two to eleven, the secret of the following ten *Upaniṣads* is paraphrased (with slight change in sequence *i.e.* the *Muṇḍaka* is taken before the *Praśna*).

ईशकेनकठप्रश्नमुण्डमाण्डूक्यतित्तिरिः।
ऐतरेयं च छान्दोग्यं बृहदारण्यकं तथा॥

Another peculiarity of this work is that each verse is followed by *Svopajña Vṛtti*, written by the author himself, explaining secret, incorporated in each verse.

Verse 1 : This is a benedictory and introductory verse. He first refers to his favourite deity Śrīāma. It is imagined that Śrīrāma himself (actually the author's name is also Rāmacandra) summarizes and explains the secret of the ten *Upaniṣads* to Lakṣmaṇa, who has himself taken refuge at the feet of Rāma. He alone is qualified here for this *Vedāntaśāstra*, whose mind is purified by his own selfless deeds. After listening to the Upaniṣadic statements like *Tattvamasi* etc. from the mouth of his revered preceptor, he realizes the unity of his own self with the *Brahman* and becomes free from the cycle of birth and death and enjoys ever-lasting freedom.

Verse 2 : The secret of the first *viz. Īśāvāsyopaniṣad* is given in this verse. The entire movable and immovable world appears like *rajjusarpa* on *Brahman* only, *Brahman* is within everything and outside everywhere. There is nothing in the world other than *Brahman*. It alone is there as a Puruṣa in the orb of the Sun. For him who has obtained this kind of wisdom through the grace of his preceptor, there is no craving for worldly objects (*tṛṣṇā*), doubt (*sandeho*), grief (*śoka*), infatuation (*moha*), fear, birth, old age or death.

Verse 3 : The secret of the second *Upaniṣad* namely *Kena* is given here. The *Brahman* is the secret power. It is due to its presence as *Ātman* that the mind, five *prāṇas*, sense organs like eyes, speech etc., become aware of or get knowledge of their own respective objects. Its nature cannot be said to be known and also not known. Even the Supreme Gods like Indra etc.

could not comprehend its esoteric power. One who has realized such *Brahman*, obtains everlasting happiness.

Verse 4 : The secret of the third *Upaniṣad* namely the *Kaṭha* is given in this verse. The *Brahman* is minute than the minutest and greater than the greatest. It cannot be comprehended by any external means or even by the intellect. The *Brahman* resides in the intellect and is bodyless. Even the Sun, the moon, and the fire shine due to its brilliance. It is benefit of all the six *bhāvavikāras* = modifications of objects and can be known by disciple only in the form of 'Existence'. A wise person, having actually comprehended the *Brahman*, through the teaching of the preceptor, obtains everlasting peace and tranquillity.

Verse 5 : The essence of the fourth *Muṇḍaka Upaniṣad* is summarised here. Just as the sparks of similar nature spring forth from the burning fire, similarly all objects come out of *Brahman* and dissolve into it. The *Brahman* is not a *Prāṇa* but is a knower of everything. *Praṇava* or *Oṅkāra* is the bow, individual soul is the arrow–both having the identical target *i.e. Brahman*. Having known the *Brahman* one relinquishes the world of name and form and being bereft of grief, becomes one with the *Brahman*.

Verse 6 : In this verse, the quintessence of the fifth *Praśna Upaniśad* is expounded–All the sixteen *Kalās* namely *Prāṇa* (vital air). *Śraddhā* (faith), ether, air, fire, water, earth, organs, mind, food, vitality, penance, *Vedas, Karma,* worlds and name have originated from the *Brahman* and they all dissolve into it. The *Brahman* is the support of all. Having known the *Brahman,* one becomes free from death.

Verse 7 : The gist of the *Māṇḍūkya Upaniṣad* is as follows– The waking condition, dream and deep sleep all these three are the modifications of the intellect (*mati*) but the fourth is beyond that. The *Brahman* is observer (*sākṣī*) of all of them and is devoid of qualities and impurities. Though having different appellations, the *Brahman* is the first and foremost of all the created elements, Unthinkable, the only inner soul of the entire world. The *Brahman* can be known through the *Oṅkāra*. One who has known the *Brahman,* becomes one with the *Brahman*.

Verse 8 :The *Taittirīyopaniṣad* is summarised in this verse–The *Brahman* creates the entire movable and immovable world (wherein *ākāśa*, the ether, is the first and body is the last product) and enters into and resides in it. The *Brahman* is the Lord and controller of everything. It is one and *Saccidānandarūpa* (existence, consciousness and bliss as its form). Through the advice of the preceptor, one should discriminate the *Brahman* as different from but underlying inner soul of all the sheaths beginning from the *Annamaya* etc. One who recognizes the *Brahman,* becomes very content, free from danger and all-pervading like the *Brahman.*

Verse 9 : The eighth *Aitareyopaniṣad* is summarized in this verse. The Lord first creates the worlds. Lord of worlds, and all the objects of enjoyment and then enters them. He instigates everything that is movable and immovable, being inside it. One who comprehends that there is nothing else except the *Brahman,* which is one without a second and the basis of the entire world and which is consciousness itself (*prajñāna*), becomes immortal, having fulfilled all his desires.

Verse 10 : The secret teaching of the *Chāndogyopaniṣad* is paraphrased in this verse. Just as by understanding the nature of clay, which is the material cause, we can know the other things like the pot, the jar etc., which are its products, similarly one should realize the *Brahman,* being constantly guided by preceptor as '*tattvamasi*'–"thou art that." This entire world, beginning from the *ākāśa* (the ether), is the *Brahman* only. One who knows that 'I am that *Brahman* and all this is not different from me,' becomes *Brahman* only and not the one, who is knower of *Brahman.*

Verse 11 : The secret of the tenth and the last *Upaniṣad i.e.* the *Bṛhadāraṇyaka Upaniṣad* is explained in this verse–A variety or pleasures or happiness that the living beings enjoy is merely the smallest unit (*mātrā*) of the Bliss of the *Brahman*. The world of name and form that was unmanifest before the creation has been made manifest by the lord. The *Brahman* is inner soul of everything and controller of organs (*Hṛṣīkeśa*). This is known from the *Upaniṣad*. The *Brahman* is also all-pervading. One who knows that '*aham brahmāsmi*' 'I am *Brahman'*, is absorbed in *Brahman* and his *Prāṇas* (vital breaths) do not transmigrate; they are absorbed into *Brahman* only.

Verse 12 : The author concludes the work with this verse which gives important information about the author and the work. Thus Rāmacandra Paṇḍita, who is the son of Siddheśvara has composed this work in ten verses, giving the secret of ten *Upaniṣads*. Having comprehended its meaning, one who reads it, enjoys happiness through the grace of good preceptor.

Concluding Remarks

Thus we can get in a nutshell of ten verses the summary of all the ten *Upaniṣads*. This reflects upon the profound scholarship and mastery over prosody of the author. His commentary on each verse is interspersed with the citations from various authorities like the *Bhagavadgīta, Tāpanīyopaniṣad, Śruti, Śrīrāmagītā, Bhagavatpāda i.e.* Śaṅkarācārya, *Aparokṣānubhūti, Ātharvaṇa Śruti, Bhāgavata, Muṇḍaka Upa., Īśāvāsyopaniṣad, Śrīrāmahṛdaya, Praśnopaniṣad, Kāṭhaka Upaniṣad* etc. From the text and the commentary, it appears that the author had great inclination towards *Śāṅkarasiddhānta*.

4. *Śārīratātparyasaṅgrahaḥ*

The work-*Śārīratātparyasaṅgrahaḥ* also known as *Adhikaraṇamālā* is a small but rare and important work on *Vedānta* especially on the *Brahmasūtras*. As is clear from the title of the work itself, it is a collection of self-composed verses, incorporating the purport (*tātparya*) of the *Adhikaraṇas* of the *Śārīrasūtras*, also known as the *Brahmasūtras*. It contains in other words garland in the form of metrical verses of the scholar-poet on the *Adhikaraṇas* of the *Brahmasūtras*. In the first verse, the poet begins with benediction, bows down his favourite deity, Rāma along with Sītā, as also his father-preceptor. In the last verse also, he again offers these jewels to the lotus-feet of Rāma, which have been collected through the grace of his preceptor-Siddheśvara.

There are four *adhyāyas* of the *Brahmasūtras-Samanvaya, Avirodha, Sādhana* and *Phala*. Each has four *pādas*. The poet has composed twenty verses on the first *adhyāya,* having forty (as per the post-colophon-entry, but the *Śāṅkarabhāṣya* Nirnayasagar edition enumerates 39) *adhikaraṇas*-five, four, seven, four respectively for each *pāda.* Similarly, there are twenty-six verses for the second *adhyāya,* having forty seven *adhikaraṇas*-seven, five, nine and five verses on each of the four *pādas.* For the sixty seven *adhikaraṇas* of the third *adhyāya,* there are thirty six verses-three, four, twenty and nine for each *pāda.* There are thirty eight *adhikaraṇas* of the fourth *adhyāya.* These are summarized in twenty two verses-with eight, six, four and four verses for each *pāda.* Thus for one hundred ninety-two *adhika- raṇas* of the four *adhyāyas,* there are in all one hundred six verses of the text, which summarize the contents of *adhika-raṇas* in accordance with the commentary of *Śaṅkarācārya,* plus one benedictory and one concluding verse.

The text not only exhibits the scholarship and deep understanding of the original *Brahmasūtras* and the commentary of Śaṅkarācārya thereupon of the poet Rāmacandra, but also points out to the mastery of the poet on the Sanskrit language and prosody. The novelty of the text lies in its metrical presentation of the purport of the *adhikaraṇas.*

The present text is based upon the Xerox copy of two Manuscripts of the text, given to me by Shree Rāmamahārāja, the present heir of the Gurumaharaja family of Kolhapur. The Manuscript A has 7 folios, with about 57 to 60 letters in a line and there are about 8 lines in a page, with a good handwriting. No mention of scribe or date is found. The Manuscript is properly copied and the scrible errors are negligible. It has length and breadth of about 10 cms. x 30 cms. The Manuscript B has 9 folios with about 41 letters in a line and about 9 lines in a page. This Manuscript has noted the names of *adhikaraṇas* on the page inbetween the lines of the text, which is noteworty, but this is found only up to the third *pāda* of the second *adhyāya.* The Manuscript is very corrupt and many letters omitted by the scribe are added in the margin. The scribe mentions the date of writing it as *Pratipad* of the black fortnight of the month of *Āsvina* of the *Saṁvatsara* named *Vikṛti* of the year *Śaka* 1752 *i.e.* 1830 A.D.

5. Mahāvākyavivaraṇam

This is a small metrical work on *Vedānta* by the author. The title itself suggests that the work contains of the exposition the *mahāvākya.* In fact it has explained only the *mahāvākya-tattvamasi* of the *Chāndogya Upaniṣad.* There are twenty verses, the first two are in *Śikhariṇī* metre, while the others are in *Āryā* metre. The first is benediction to Rāma, Author's favourite deity. Then he talks about the *adhikārī,* possessing the four requisites of *Vedānta (sādhanacatuṣṭaya)* namely–*nityānityavastuvivekaḥ, ihāmutrārthaphalabhogavirāgaḥ, samadamādisādhanasaṁpat, mumukṣutvam.* The explanation of the *mahāvākya–tattvamasi*–as per *jahadajahallakṣaṇā* is explained. The last verse is a concluding one, in which the author refers to himself and his preceptor, Siddheśvara.

6. Antarniṣṭhāṣṭakam

This is *aṣṭaka*–a collection of eight verses, in *Śikhariṇī* metre, narrating the characteristics of *antarniṣṭha i.e.* one who has become introverted, firmly established in the Self. Like the *Sthitaprajña* or *guṇātīta* of the *Bhagavadgītā,* his characteristic features are vividly described. The lucidity of the language, mastery over prosody and profundity of philosophical speculations are clearly evident in this small work.

II. THE SANSKRIT STOTRAS

7. Gurumānasapūjā and 8. Guroraparādhāṣṭakam

The *stotras–Gurumānasapūjā* and *Guroraparādhāṣṭakam* are two *stotras,* composed by Rāmacandra Paṇḍita in praise of his Guru-Siddheśvara Mahārāja, his own father. In the first one, the mental worship of *Guru* is explained in four verses. The first three verses are in the *Śārdūlavikrīḍita* metre, while the fourth one is in the *Anuṣṭubh* metre. All the *upacāras,* namely *dhyāna, āsana, pādya, arghya, ācamana, snāna, vastra, candana, śveta-puṣpa, dhūpa, dīpa, naivedya, phala, tāmbūla, dakṣiṇā, pradakṣiṇā, mantrapuṣpa, gītādi rājopacāras* are referred to. In the third *śloka,* these are said to be presented in mental fashion and the preceptor should accept them. He is prayed to uplift the disciple from this unfathomable ocean of the transmigratory existence. *Guru* is mother, father, brother and friend. *Guru* knows everything. In the last verse, the fruit of this mental worship is mentioned that one gets fruit of the complete worship.

The *Stotra-guroraparādhāṣṭakam* is similar to *Śivāparādhākṣamāpanastotra* of *Śaṅkarācārya.* Each verse has refrain–*Kṣantanvyo guruvara bho mamāparādhaḥ* against the refrain of the *Stotra* of *Śaṅkarācārya-kṣantavyo me'parādhaḥ śiva śiva śiva bho śrī mahādeva śaṁbho.* Śaṅkara's *stotra* is in *Sragdharā* metre, while that of Rāmacandra Paṇḍita is in *Praharṣiṇī* metre. The first verse mentions the stage of the pregnancy, the second, the childhood, the third the youth, the fourth the old age and it is pointed out that the offence of not remembering the preceptor is requested to be forgiven. This can be compared with the first four *ślokas* of *Śaṅkarācārya.* The fifth *śloka* talks about *Śrauta* and *Smārta karmas*–the worship in the form of *dāna, dhyāna, stotra* and several materials, He is not worshipped nor he has done *Yoga* etc. *Guru* was disrespected due to ignorance. The five to ten verses of *Śaṅkara* are comparable here. The penultimate verse is like *karacaraṇa* etc. of *Śaṅkara.* The last verse mentions *phalaśruti.* The *guru* fulfils all desires.

9-13. The Five Rāmastotras

1. Rāma is the most favourite deity of Rāmacandra Paṇḍita. Hence he has composed five *stotras* in eulogy of Rāma. They are the *Rāmamahimnastotram,* the *Rāmamānasapūjā,* the *Rāmāṣṭakam,* the *Rāmaprabodhotsavaḥ,* the *Rāmaśayanotsavaḥ.* The *Rāmamahimnastotram* is like *Śivamahinmastotram* with twenty eight verses in praise of Rāma in *Śikhariṇī* metre. The colophon mentions it as having *nakṣatramālā* as other name for this *stotra.* Many Pauranic–mythological stories, relating to Rāma's and Kṛṣna's life are alluded to.

2. Like *Śivamānasapūjā* of *Śaṅkarācārya,* the author has composed this second *Stotra,* namely the *Rāmamānasapūjā,* the *stotra-Gurumānasapūja* is already noted. Here in fourteen verses, different metres like the *Śārdūlavikrīḍita,* the *Śikhariṇī,* the

Anuṣṭubh etc. are utilized. All the different *Upacāras*–modes of worship are offered mentally.

3. The *Rāmaṣṭakam* is composition in eight verses, eulogizing Rāma, with refrain–*Candraśekharamānasāmbujacandiraprabhumāśraye.* Each line incorporates an epithet of Rāma in a long continuous compound.

4. There are also two *Stotras Śrīrāmaśayanotsavaḥ* and 5. *Śrīrāmaprabodhotsavaḥ* in eleven and twelve verses each.

14-16. Other three Stotras

1. With refrain in–*Sarittuṅge gaṅge trijagadaghabhaṅge tripathage*–there is one *stotra* entitled–*Gaṅgāṣṭakam*–eight verses in the *Śikhariṇī* metre (plus one verse in the *Anuṣṭubh* metre), in praise of the river Gaṅgā, reminding one of the *Gaṅgālaharī* of Jagannātha Paṇḍita.

2. Similarly, there is one more in praise of the river Kṛṣṇā river, named *Śrīkṛṣṇāpañcakam,* in five verses in *Śikhariṇī* metre (plus concluding one in *anuṣṭubh* metre, with refrain–*Saridvaryā kṛṣṇā śamitabhavatṛṣṇā vijayate.*

3. The holy city *Kāśī* is eulogized in the *stotra-Vārāṇasīstotram,* having eight verses in the *Śikhariṇī* metre (plus last one verse in the *Anuṣṭubh* metre). This *Stotra* is with refrain–*Purī kāśī dhanyā jagati bahumānyā vijayate.*

17. Saṁskṛtārārtikyam

It is quite significant that the poet has composed some six *ārārtikyam–ārtis*–in Sanskrit in praise of his favourite deities namely Śrīrāma, Mahālakṣmī, Durgā, Siddeśvara-guru etc. His Sanskrit *ārārtikyam* of Mahālakṣmī is still being daily sung in the Mahālakṣmī temple at Kolhapur.

18. Prakīrṇaślokas

There are many *ślokas* composed by the poet. These are collected here. These are in different metres and are mostly in praise of Rāma and his *Guru* etc.

II. THE WORKS ON TECHNICAL SUBJECTS

19. Kuṇḍenduḥ or *Kuṇḍavedikākṛtiḥ*

This is also a very small metrical work, composed by the poet in 8 verses in *Sragdharā* metre (except the first benedictory verse). It deals with topic of the preparation of *vedī* for *Agnihotra* and *Kuṇḍas,* useful for the sacrifices. This reflects upon his knowledge of this technical subject also.

20. Vṛttābhirāmaḥ

This is also a metrical work on the technical subject of Sanskrit prosody. Many *Vṛttas* are explained here with their composition and illustration. It is divided in five different *adhyāyas*–the first is about technical terms, the second dealing with *Mātrā vṛttas,* the third and the fourth about the Vediç and the Classical *vṛttas* proper and the fifth relating to the *prastaras* and *merus.* The title of the work also incorporates the name of Rāma, which is the name, not only of the author himself but also of his favourite god. It is intended for the novice to give him the understanding regarding the metres. The verse, not only mentions the name of the author but also the date of the composition of the work as *Rasa-abdhi-kṣmābhūbhṛt-bhū-sammite śake i.e.,* 1746 + 76 = 1822 A.D., in *Saṁvatsara* named *Tāraṇa.*

21. Prātiśākhyajyotnā

This is work on *Vedalakṣaṇa*. It is a commentary *Jyotsnā* on the *Prātiśākhya* by the author. It is important from the point of view of the vedic grammar with citations from the *veda.* This is already published by Sampurnanand Sanskrit University, Varanasi and hence not reprinted here.

22. Baiṭhaparibhāṣā

This is a work relating to the vedic *Mantras.* It is also on the topic of *Vedalakṣaṇa,* especially useful for memorizing vedic *Ṛks*. Due to Paucity of time, this is not printed in this book.

23. Bhagavadgītā-abhaṅga

This has seven hundred *Abhaṅgas* in *Marāthī* on seven hundred verses of the *Bhagavadgītā* which will be published separately in a book form.

24. Aṣṭāvakragītā-Samaślokī

This is also like the above one, *Samaślokī* in *Marāthī*–on the *Aṣṭāvakragītā.* This is also not published here, being a work in Marathi.

This varied contribution of Rāmacandra Paṇḍita should be taken note of in the history of the Modern Sanskrit and Marathi literature.

Footnotes

1. See, Joshi, S.G. : *Bṛhanmahārāṣtrātila Śukla Yajurvedīya Mādhyandina Brāhmaṇāñcā Itihāsa,* Jalagaon, 1950, pp. 209-211.
2. I am indebted to Śrī Yaśavanta Mahārāja of Kolhapur, for supplying authentic material about Rāmacandra Paṇḍita.
3. This table is given by S.G. Joshi in his book (*op. cit.*) p. 210.

I. PHILOSOPHICAL WORKS

१. ईशोपनिषद्रहस्यस्तोत्रम्

श्रीरामचन्द्राय नमः।

संसारबीजान्धतमिस्त्रनाश-
सर्वात्मताबोधजितारिषट्कम्।
आनन्ददं सर्वसुहृत्तमं तं
सिद्धेश्वरं सद्गुरुवर्यमीडे॥१॥

छाद्यं मयेशेन समस्तमेत-
ज्ज्ञात्वेति संन्यस्य सुखं हि भोग्यम्।
धनस्य गृद्धिं न कुरु त्वमन्य-
त्त्वतोऽस्ति किं कस्य धनं त्रिलोक्याम्॥२॥

निष्कामकर्माणि तु यावदायु-
स्त्वमिच्छ कर्तुं खलु यन्मुमुक्षुः।
एवं तव स्यान्न फलेन लेपो
न चित्तशुद्धावितरः प्रकारः॥३॥

स्वात्मानभिज्ञा निजघातिनस्ते
प्रमीय मर्त्या असुतोषिभोग्यान्।
विचारशून्यानतिदुःखयुक्ता-
न्प्रयान्ति देहान्खरनारकादीन्॥४॥

अकम्पमेकं मनसस्तरस्वि
न देवता आपुरनाशिपूर्वम्।
तिष्ठत्तदत्येत्यपि धावतोऽन्या-
न्वायुर्हि कर्माणि दधाति तत्र॥५॥

ब्रह्मैव तत्स्थावरजङ्गमात्म-
स्वाज्ञानिनां दूर इवाप्रकाशम्।

तज्ज्ञानिनां भाति सदा समीपे
विश्वस्य चान्तश्च बहिः स्थितं तत्॥६॥

यः पश्यतीत्थं सकलानि भूता-
न्यात्मन्यथात्मानमपीह विद्वान्।
सर्वेषु भूतेषु स तत्त्ववेत्ता
निःसंशयः स्यात्सकलैरनिन्द्यः॥७॥

सर्वाणि भूतानि मदात्मकानी-
त्येवंविदोऽभूत्सकलं यदात्मा।
तदैकतां पश्यत आत्मरूपे
मोहश्च शोकश्च भवेत्कथंस्वित्॥८॥

यो ज्ञातवान् शुद्धमपापविद्धं
देहद्वयातीतमतिप्रकाशम्।
कविः स धीमान्सकलः स्वयंभू-
र्व्यधाद्यथास्वं बहुकालमर्थान्॥९॥

अव्याकृतं हेतुमुपासते ये
संप्राप्नुवन्ति प्रकृतौ लयं ते।
प्रजापतिं कार्यमुपासते ये
ते प्राप्नुवन्ति ह्यणिमादिसिद्धीः॥१०॥

अन्यत्फलं कार्यमुपासतां स्या-
दुपासतां कारणमन्यदेव।
एतस्य तत्त्वं विबुधा य ऊचु-
स्तेषां पुरावाक्यमिति श्रुतं नः॥११॥

उपासने कार्यनिदानयोस्ते
समाश्रिते वेद परस्परं यः।
तत्राद्यया प्राप स ईश्वरत्वं
द्वितीयया याति लयं प्रकृत्याम्॥१२॥

उपासते केवलकर्मजालं
ये संसरन्तीह पुनः पुनस्ते।

तेभ्योऽधिकं यान्ति गतागतं ते
उपासते केवलदेवतानि॥१३॥

बुधाः फलं कर्मण आहुरन्य-
त्स्याद्देवतोपास्तिफलं तथान्यत्।
ये तस्य तत्त्वं गुरवो न ऊचु-
स्तेभ्यः पुरास्माभिरिति श्रुतं हि॥१४॥

यो देवतोपास्तिमथापि कर्म
एकेन कार्यं पुरुषेण वेद।
स्वकर्मणा मृत्युमतीत्य विद्वा-
न्स विद्ययाप्नोति हि देवतात्वम्॥१५॥

अथवा

कर्मात्मविज्ञानमपि क्रमेण
संपाद्यमेकेन नरेण वेद।
यः कर्मणा चित्तविशुद्धिमाप्य
स विद्ययाप्नोत्यमृतं हि विद्वान्॥१५॥

सूत्रं मरुद्यातु वपुर्ममेदं
भस्मान्तमुर्वीं प्रणवात्मकस्त्वम्।
संकल्प यत्कर्म कृतं मयेष्टं
प्राप्यं च लोकं मम संस्मराद्य॥१६॥

ज्ञानानि सर्वाणि विदंस्त्वमग्ने
संप्रापयास्मान्सुपथा विमुक्तिम्।
कौटिल्यमेनः कुरु नः पृथक्त्वां
कुर्मो नमोऽन्ते बहुधा स्ववाचा॥१७॥

तेजोमयेनापिहितं स्वरूपं
सत्यस्य बिम्बेन सदा परं तु।
भानावसौ यः पुरुषोऽस्ति सोऽहं
ज्ञेयं विभु ब्रह्म सदोंस्वरूपम्॥१८॥

माध्यंदिनेशोपनिषद्रहस्य-
प्रकाशकं श्लोकसमूहमेतम्।

कृत्वार्पितं श्रीगुरुपादपद्मे
पठत्यजस्त्रं स विमुक्तिमीयात्॥१९॥

इति श्रीरामचन्द्रपण्डितविरचितमीशोपनिषद्रहस्यस्तोत्रं संपूर्णम्॥
॥श्रीसीतारामचन्द्रार्पणमस्तु॥

२. ईशावास्योपनिषद्रहस्यविवृतिः

श्रीरामसद्गुरुनाथाय नमः–

सत्यं ज्ञानमनन्तमीशमखिलस्यान्तर्बहिश्च स्थितं
यद्दूरे निकटे च यत्र सकलं यत्स्वप्रभं तद्विदः।
अक्षागोचरमक्षचालकमहो येनेदमाच्छादितं
स्वात्माभिन्नमुपासते विजयते रामाभिधं तन्महः।।१।।

संसारबीजान्धतमिस्रनाशसर्वात्मताबोधजितारिषङ्कम्।
आनन्दं सर्वसुहृत्तमं तं सिद्धेश्वरं सद्गुरुवर्यमीडे।।२।।

श्रीमच्छङ्करभाष्यकृद्गुरुवरश्रीपादयुग्मं सदा
ध्यात्वा हृत्कमले यथास्वमतितत्सिद्धान्तसूक्तीस्तथा।
टीका नैकविधा विचार्य कुरुते **रामोऽथ माध्यन्दिनी-
ये शाख्योपनिषद्रहस्यविवृतिं** श्रीसिद्धसूनुः कृती।।३।।

इह खलु सर्वेषां वेदानामद्वैते ब्रह्मणि पर्यवसानमिति राद्धान्तः। तच्च ब्रह्म यथोक्ताधिकारिणे कथनीयम्। 'क्रियावन्तः श्रोत्रिया ब्रह्मनिष्ठाः स्वयं जुह्वत एकर्षिं श्रद्धयन्तः। तेषामेवैतां ब्रह्मविद्यां वदेत' इति **मुण्डकोपनिषद्यु**क्तत्वात् (मुण्डक उ.३.२.१०)। 'प्रशान्तचित्ताय जितेन्द्रियाय प्रहीणदोषाय यथोक्तकारिणे। गुणान्वितायानुगताय नित्यं प्रदेयमेतत्सततं मुमुक्षवे।।' (मुण्डक उ. १.२.१३) इति वचनाच्च। स चाधिकारश्चित्तशुद्धिं विना नोत्पद्यते। चित्तशुद्धिश्च वर्णाश्रमोचितकर्माचरणेनेति प्रथमं कर्मकाण्डमेकोनचत्वारिंशदध्यायैः प्रतिपादितम्। अथेदानीं चित्तशुद्ध्यादियथोक्तगुणवन्तमधिकारिणमुपदेष्टुं ज्ञानकाण्डमेतेन चरमेणाध्यायेनारभ्यते। सेय**मीशावास्योपनिषत्**। ब्रह्मविद्यापराणां सहेतोः संसारस्यात्यन्तोच्छेदाद् ब्रह्मविद्या उपनिषच्छब्दवाच्या। 'उपनीयेममात्मानं ब्रह्मापास्तद्वयं पुनः। निहत्यविद्यां तज्जं च तस्मादुपनिषन्मता' इति वचनाच्च। अन्तर्भावितण्यर्थस्य विशणार्थस्य सद्धातोः क्विपिरूपम्। तदर्थप्रतिपादकग्रन्थेऽप्युपचारादुपनिषत्। एषां च मन्त्राणां कर्मसु न विनियोगः। आत्मयाथात्म्यप्रतिपादकत्वात्। तच्च कर्मणा विरुध्यते। न हि वक्ष्यमाणलक्षणविशिष्ट आत्मा संस्कार्यः कर्ता भोक्ता वा। यो हि यथोक्ताधिकारवानहं ममेदमिष्टसाधनं

दृष्टं ब्रह्मवर्चसादि अदृष्टं स्वर्गादि फलमाप्नुयामिति मन्यते। स कर्मण्यधिक्रियते। न हि स्वभावशुद्ध एको शरीरी आकाशवन्निर्लेपोऽहमिति शास्त्रत आपातज्ञानवानपि कर्मणि प्रवृत्तो दृश्यते। किमुतापरोक्षज्ञानवान्। अत एषां मन्त्राणामैकात्म्यतात्पर्यकत्वम्।। 'ईशावास्यम्(१)' त्युपक्रम्य 'सोऽसावहम्(१७), इत्युपसंहारः। 'अनेजत्तदेजति(४)' इत्यभ्यासः। 'नैनद्देवा आप्नुवन्(४)' इत्यपूर्वता। 'तत्र को मोह(७)' इति फलम्। 'असुर्या नाम ते(३)' इति भेददृष्टीनां कर्मकारिणां निन्दयैकात्म्यदर्शनस्तुतिः। अथवा 'स पर्यगात्' (८) इत्यादिना ऐकात्म्यदर्शिनः ऐश्वर्यवर्णनम्। सदर्थवादः। 'तस्मिन्नपो मातरिश्वा दधाति(४)' इत्युपपत्तिश्चेति षण्णां तात्पर्यलिङ्गानां दर्शनम्। तस्मादेते मन्त्रा भेदं निवर्तयन्तः संसारोच्छित्तिसाधनमात्मैकत्वविज्ञानमुत्पादयन्ति।। अत्र दुःखाहेतुस्वाज्ञाननिवर्तनेच्छुरधिकारी। आत्मनो याथात्म्यमभिधेयं विषयः। याथात्म्यस्य तद्वाचकशब्दानां च प्रतिपाद्यप्रतिपादकभावः संबन्धः। स्वगताज्ञाननिवृत्त्या सत्स्वरूपानन्दाविर्भावः प्रयोजनम्–इत्यनुबन्धचतुष्टयम्। अथ मन्त्रान्संक्षेपतो व्याख्यास्यामः।

ईशावास्यमिदꣳसर्वं यत्किञ्च जगत्यां जगत्।
तेन त्यक्तेन भुञ्जीथा मा गृधः कस्यस्विद्धनम्॥१॥

ईशावास्यमिमि। ईष्ट इतीट्। ईश ऐश्वर्ये। (पा.धा.) क्विप्। तृतीयान्तमीशेति। ईश्वरेण सर्वभूतजातं वास्यं वासयोग्यमाच्छादनीयं वा। निवासार्थकस्तु वसेर्बाहुलकादधिकरणे ण्यत्। आच्छादनार्थस्य वा वसे रूपम्। 'कृत्यानां कर्तरि वा' इति षष्ठी विकल्पात्पक्षे तृतीया। यच्छब्दो 'भिन्नक्रमः चस्त्वर्थे। यथोक्तानुभवसाधनमाह। किन्तु यत्। जगत्यामित्युपलक्षणम्। ब्रह्माण्डे जगत् स्थावरजंगमात्मकं तेन भूतजातेन त्यक्तेन न ममेति त्यक्तस्वीयत्वसम्बन्धनेन संन्यासेन नामरूपत्यागेन तद्बुद्ध्या गृहीतेनेति वा। भुञ्जीथाः। पूर्वोक्तमात्मानमनुभवेः यदृच्छाप्राप्तभोगाननुभवेः स्वात्मानं जननमरणादिदुःखात् पालयेथाः वा स्वसुखमनुभवेः इति वा। 'एतमेव प्रव्राजिनो लोकमीप्सन्तः प्रव्रजन्ति' इति **श्रुतेः**। 'त्यागेनैके अमृतत्वमानशुः'(महाना. ८.१४)। 'परेण नाकं निहितं गुहायां विभ्राजदेतद्यतयो विशन्ति (कैव.३)' इति **श्रुते**श्च। 'संन्यस्य श्रवणं कुर्याद्, इत्युक्ते श्च। 'यदा मनसि वैराग्यं जायते सर्ववस्तुषु। तदैव संन्यसेद्विद्वानन्यथा पतितो भवेद्' इत्युक्तत्वादधिकारं विना संन्यासे कृते प्रत्यवायापत्तेरित्याभिप्रायेणाह। मा गृधः माभिकांक्षीः। स्विदित्यनर्थकः। अप्यर्थको वा। कस्यापि स्वस्य परस्य वा धनं भोग्यविषयजातम्। 'ब्राह्मणाः पुत्रैषणायाश्च वित्तैषणायाश्च लोकैषणायाश्च व्युत्थायाथ भिक्षाचर्यं चरन्ति 'इति (बृह. ३.५.१) त्यक्तैषणस्यैव संन्यासेऽधिकारात्। यदा स्विदिति वितर्के लोके कस्येदं धनम्। न कस्यापि नहि लोके नियतस्वामिकं किंचिदपि विषयजातं

दृश्यते। प्रश्ने अधिष्ठानेन अध्यस्तस्य स्वस्वामिभावायोगात्कस्येदं धनमित्यर्थः। अतो माभिकांक्षीः। केवलेच्छयैव विषयाणामवश्यप्राप्त्याभावात्। ममेदमिति रक्षितानां च स्थौर्याभावात् विनाशे दुःखप्राप्तेश्च विषयेच्छात्यागपूर्वकसंन्यासिना ब्रह्मणः सर्वान्तरस्थत्वं ज्ञेयम् इति भावः। अथवा स्वात्मना विभुना अधिष्ठानेन ज्ञातेन रज्वादिना अध्यस्तसर्पा- दिभासवत् अध्यस्तजगद्भासे आच्छादिते दूरीकृते सति स्वातिरिक्तस्य विषयस्याभावाद् इच्छानुत्पत्तेः स्वात्मनैव स्वसुखमनुभवनीयम् इति तात्पर्यम्। 'आत्मक्रीड आत्मरतिः क्रियावानेव ब्रह्मविदां वरिष्ठ' (मुण्डक उ. ३. १.४.) इति **श्रुतेः। वासिष्ठे** समाध्युत्थितस्य कचस्य 'किं करोमि क्व गच्छामि किं गृह्णामि त्यजानि किम्। आत्मना पूरितं सर्वं महाकल्याम्बुना यथेति वाक्याच्च।।१।।

एतदर्थं संग्राहकः श्लोकः-

छाद्यं मयेशेन समस्तमेतज्ज्ञात्वेति संन्यस्य सुखं हि भोग्यम्।
धनस्य गृद्धिं न कुरु त्वमन्यत्स्वतोऽस्ति किं कस्य धनं त्रिलोक्याम्।।४।।

ईशावास्यस्य विवृतौ कृतायां रामशर्मणा।
संपूर्णः प्रथमो मन्त्रः प्रीयतां तेन राघवः।।१।।

कुर्वन्नेवेह कर्माणि जिजीविषेच्छतꣳ समाः।
एवं त्वयि नान्यथेतोऽस्ति न कर्म लिप्यते नरे।।२।।

त्यक्तैषणस्य संन्यासेऽधिकार इति श्रुत्वा एषणात्यागसाधनं प्रष्टुकामस्य श्रोतुः प्रश्नात्पूर्वमेव सर्वज्ञा **श्रुतिः** चित्तशुद्धिः एषणात्यागोपाय इत्यभिप्रायेण चित्तशुद्ध्यर्थं त्वया तावत्कर्माणि कर्तव्यानीत्युपदिशति। अथवा आत्मतत्त्वमुपक्रम्य स्वानुभवप्रदर्शनेन श्रोतारमभिमुखीकृत्य प्रष्टुमिच्छन्तं तमुपदेष्टुकामा श्रुतिः शुद्धचित्तस्यैव श्रवणेऽधिकारसिद्धये पूर्वं तत्साधनमुपदिशति। कुर्वन्निति। एवं शब्दो भिन्नक्रमः। इह नृलोके कर्माण्येव केवलानि न तु फलेच्छां। कुर्वन्। 'कर्मण्येवाधिकारस्ते मा फलेषु कदाचन' (भ.गी.२.४७) इति भगवतोक्तत्वात्। फलेच्छैव बन्धनकर्त्रीति भावः। त्वं जिजीविषेत् जिजीविषेः। पुरुषव्यत्ययश्छान्दसः। भवान् जिजीविषेदिति वा। शतं समा इत्युपलक्षणं सर्वस्य पुरुषायुषस्य। यावदायुरित्यर्थः। अनेन मनुष्यस्यैव कर्माद्यधिकार इति सूचितम्। जीवनेच्छोक्त्या संन्यासाधिकाराभावः। न जीविते मरणे वा गृधिं कुर्यादारण्यमियात्। आरण्यं स्त्रीजनासंकीर्णमाश्रमं संन्यासमित्यर्थः। इति श्रीभगवत्पादैरिच्छारहितस्यैव संन्यासे-ऽधिकारस्योक्तत्वात्। ननु यदि फलेच्छाया अभावः। तदा इष्टसाधनताज्ञानं विना प्रवृत्त्यानुपपत्त्या कर्मणि प्रवृत्तिरेव न स्यात्, इति चेत्, सत्यं भगवदधीनोऽहं 'तस्मादसक्तः सततं कार्यं कर्म समाचर' इति' **गीताया**मुक्तत्वात्तदाज्ञोल्लङ्घने

प्रत्यवायोत्पत्त्या ममानिष्टं स्यादतोऽवश्यं मया कर्माणि कर्तव्यानीत्येवं निश्चयेन नित्यनैमित्तिकाद्यकाम्यकर्मसु प्रवृत्तेः सूपपन्नत्वान्। ननु कर्मणा बन्धः स्यादिति चेन्न 'असक्तो ह्याचरन्कर्म परमाप्नोति पूरुषः (भ.गी. ३.१९)' इति भगवतोक्तत्वान्निष्कामकर्मणा मुक्तिरेवेत्यभिप्रायेणाह। एवं निष्कामकर्माणि कुर्वतः। त्वयि तव विभक्तिव्यत्ययश्छान्दसः। वृक्षे शाखेतिवदधिकरणत्वविवक्षया वा सप्तमी। नरे नृदेहधारिणि कर्म न लिप्यते। कर्म फललेपो न स्यात्। किन्तु चित्तशुद्धिद्वारा अधिकारसंपत्त्या ज्ञानसिद्ध्या मुक्तिरेव स्यादिति भावः। अनेन मनुष्यस्यैव कर्मफलसंबन्ध इति बोधितम्। अधिकारसंपादकचित्तशद्धेः कर्मातिरिक्तसाधनासिद्धत्वं दर्शयति। इतः निष्कामकर्माचरणात्। अन्यथाप्रकारान्तरं तव मुमुक्षोः नास्ति। येन त्वं शुद्धचित्तः सन् अधिकारी भविष्यसीत्यर्थः। 'आदौ स्ववर्णाश्रमवर्णिताः क्रियाः, कृत्वा समासादितशुद्धमानस' इति **श्रीरामगीता**यामुक्तत्वात् (अध्या.रामा. ७.५. ७.)। 'स्ववर्णाश्रमधर्मेण तपसा हरितोषणात्। साधनं प्रभवेत्पुंसां वैराग्यादि चतुष्टयं' इति **भगवत्पादो**क्तेश्च(अपरोक्ष. ३)। यावदिच्छावत्कर्मस्वाधिकार इति तात्पर्यम्। 'तावत्कर्माणि कुर्वीत न निर्विद्येत यावतेति' **भागवतात्**॥२॥

अत्रायं संग्रहः श्लोकः-

निष्कामकर्माणि तु यावदायुस्त्वमिच्छ कर्तुं खलु यन्मुमुक्षुः।
एवं तव स्यान्न फलेन लेपो न चित्तशुद्धावितरः प्रकारः॥४॥

ईशावास्यस्य विवृतौ कृतायां रामशर्मणा।
मन्त्रो द्वितीयः संपूर्णः प्रीयतां तेन राघवः॥२॥

असुर्या नाम ते लोका अन्धेन तमसावृताः।
तांस्ते प्रेत्यापिगच्छन्ति ये के चात्महनो जनाः॥३॥

साधकस्य निष्कामकर्मस्वधिकार इत्युक्तमर्थं काम्यकर्मपराणां बलवदनिष्टफलकथनव्याजेन काम्यकर्मनिन्दया प्रबलयति। असुर्या इति। असुर्याः असुषु प्राणेषु रमन्ते इत्यसुराः। प्राणपोषकाः ज्ञानहीनाः केवलप्राणपोषिणो देवा अप्यसुरा एव। अन्येष्वपि दृश्यत इत्यत्र अपि शब्दस्य सर्वोपाधिव्यभिचारार्थत्वात् रमधातोरपि डः। तेषामिमे असुर्याः। तद्धिता इति बहुवचनस्य अनुक्तसंग्रहार्थत्वात्। इदमर्थे यत्। नामप्रसिद्धाः ते यच्छब्दस्थाने तच्छब्दः ये लोकाः लोक्यते। अनुभूयते कर्मफलं येषु ते लोकाः जन्मानि स्थानानि वा। तिर्यगादीनि नरकादीनि वा। अन्धेन तमसा। विचारशून्यत्वात् स्वाभाविकेनाज्ञानेन अन्धतामिस्रेण वा। आवृताः। आच्छादितज्ञानाः निरिन्द्रियप्रचाराः वा। तान् पूर्वोक्तोभयविधेषु अन्यतरान् स्वकर्मानुसारेण तत्र उत्पद्य। ते जनाः नराः प्रेत्यापि मरणं प्राप्य। पुनरपि गच्छन्ति

प्राप्नुवन्ति। तच्छब्दोक्तान्निर्दिशति। ये के च अनेन जातिगुणादिनिरपेक्षत्वं सूच्यते। आत्महनः यथा गुरूणां अवज्ञाकारी गुरुघातीत्युच्यते। तथा अतिपूज्यस्य सर्वप्रकाशकस्यापि आत्मनः देह एवाहं नात्मा कश्चनास्तीत्यवज्ञाकारिणः आत्मघातिनः ते। अनेन देहान्तरप्राप्तिरपि नरदेहकृतसंचितकर्मबीजनिबन्धनेति सूचयति। 'प्लवा ह्येते अदृढा यज्ञरूपा अष्टादशोक्तमवरं येषु कर्म। एतच्छ्रेयो येऽभिनन्दन्ति मूढा जरामृत्युं ते पुनरेवापि यन्ति। नाकस्य पृष्ठे सुकृतेऽनुभूत्वेवं लोकं हीनतरं वा विशन्तीति(मुण्डक उ. १.२.७.१०)' च **मुण्डकोपनि**षद्युक्तत्वात्। 'तानहं द्विषतः क्रूरान् संसारेषु नराधमान्। क्षिपाम्यजस्रमशुभानासुरीष्वेव योनिषु। आसुरीं योनिमापन्ना मूढा जन्मनि जन्मनि। मामप्राप्यैव कौन्तेय ततो यान्त्यधमां गतिम्' इति भगवद्वाक्याच्च। प्राणपोषणार्थं नानाविधकाम्यकर्मपराणां पुनः पुनः संसरणेन मुक्तिर्नास्तीति तात्पर्यम्।।३।।

अत्रायं संग्रहः श्लोकः-

स्वात्मानभिज्ञा निजघातिनस्ते प्रमीय मर्त्या असुतोषिभोग्यान्।
विचारशून्यानतिदुःखयुक्तान्प्रयान्ति देहान् खरनारकादीन्।।६।।

ईशावास्यस्य विवृतौ कृतायां रामशर्मणा।
मन्त्रस्तृतीयः संपूर्णः प्रीयतां तेन राघवः।।३।।

अनेजदेकं मनसो जवीयो नैनद्देवाऽआप्नुवन्पूर्वमर्शत्।
तद्धावतोऽन्यानत्येति तिष्ठत्तस्मिन्नपो मातरिश्वा दधाति।।४।।

कीदृशः स आत्मा यस्य अज्ञानेन जनाः संसरन्तीत्याकाङ्क्षायामाह। अथवा येनेश्वरेण सकलमाच्छादितं तस्य स्वरूपमाह। यदा अनुभवसाधनं प्रदर्श्य उपक्रान्तमात्मस्वरूपं उपसंहरति। अथवा अन्वयव्यतिरेकाभ्यां निष्कामकर्मणः श्रवणाधिकारसाधनत्वं प्रदर्श्य श्रोतव्यमन्तव्यत्वमुपपादयति-अनेजदिति। न एजति चलति तत् अनेजत्। स्वावस्था प्रच्युतिः चलनं तद्वर्जितम्। अनेन बाल्यादीनां जाग्रदादीनां च अभावः बाल्यादिष्वपि जाग्रदादिषु तथा सर्वास्ववस्थास्वपि व्यावृत्तास्वनुवर्तमानमहमित्यन्तःस्फुरन्तं सदा स्वात्मानं प्रकटीकरोति-इति भगवत्पादैरुक्तत्वात्। एकं अद्वितीयम्। 'एकमेवाद्वितीयं ब्रह्म'इति **श्रुतेः**(छां उ. ९.२.१)। अथवा एकं सर्वदा एकरूपं बुद्ध्युपक्षयविपरिणामशून्यम्। मनसः जवीयः। संकल्पलक्षणादतिचञ्चलान्मनसोऽपि जवीयः वेगवत्तरं 'अपाणिपादो जवनो गृहीता'इति **श्रुतेः** (श्वेता. उ. ३.१९)। देहस्थस्यापि मनसः क्षणाद्ब्रह्मलोकगमने व्यापकत्वात्तत्र पूर्वगतमिवास्ति। परन्तु अचिन्त्यत्वान्मनसा प्राप्तुमशक्यम्। न तु चक्षुरादिः विषयवत् मनसा साक्षादनाप्यं यतः एनत्। आत्मस्वरूपम्। देवाः

द्योतनात्मकानि चक्षुरादीन्द्रियाणि न आप्नुवन् न प्राप्तवन्तः। अव्यपदेश्यत्वादिन्द्रिया-गोचरमित्यर्थः। अथवा मनोव्यापारपूर्वकत्वादिन्द्रियप्रवृत्तेः, यत् मनसः अगोचरं तत् इन्द्रियाणां सुतमगोगोचरं 'यद्वाचानभ्युदितं येन वागभ्युद्यते तदेव ब्रह्म त्वं विद्धि (केन उ. १.४)' इत्यादिना मनःप्राणेन्द्रियाप्राप्यत्वस्य **केनोपनिष**द्युक्तत्वात्। पूर्व-मनादि जन्मरहितम्। अर्शत् रिशहिंसायामित्यस्य शत्रं तस्य रूपं न रिशत् अविनाशि। धातोरिकारलोपः छान्दसः। 'तदादिमध्यान्तविहीनमेकम्'इति **श्रुतेः**। तत् ब्रह्म तिष्ठत्। व्यापकत्वेन सर्वत्र स्थितिमत् सत्। धावतः। द्रुतं गच्छतः। अन्यान् कालवाय्वादीन् अत्येति। अतिक्रम्य गच्छतीव तेषां गत्या अप्राप्यमित्यर्थः। 'आसीनो दूरं व्रजति शयानो याति सर्वतः' इति **श्रुतेः** (कठ. उ. २.२१)। मातरिश्वा देहान्तर्गतो वायुः। तस्मिन् देहान्तः विद्यमाने सति। अपः। आप्यन्ते प्राणादिसंज्ञा याभिः ताः आपः। आप्नोतेर्ह्रस्वश्चेति करणे क्विप्। ताः क्रियाः प्राणनादिचेष्टाः दधाति धारयति। अथवा समिष्ट यजूंषि वातेधा इति सर्वकर्मणां वायुस्थत्वोक्तेः अपः कर्माणि स्वस्थानि तानि वायुः। तत्र ब्रह्मणि दधाति स्थापयति। कर्मणां परमं निधानमित्यर्थः। अथवा तत्र अन्तर्यामिणि सति वायुः। सूत्रात्मा तपनवारिदादीनां कर्माणि तपन वर्षणादीनि। 'वायुना हि गौतम सूत्रेणायं च लोकः। परश्च लोकः सर्वाणि च भूतानि संदृब्धानि भवन्तीति' **श्रुतेः** (बृह उ. ३.७.२.) क्रियाशक्तिमत्वात् दधाति विभज्य धारयति। अन्तर्यामितया तस्यैव सर्वेशत्वात्। अन्तर्यामि**ब्राह्मणे** सर्वान्तर्यामित्वेन 'यः पृथिव्यां तिष्ठन् 'इत्यादिना तस्यैव सर्वनियामकत्वोक्तेः। 'भीषास्माद्वातः पवते (तैत्ति.उ. ८.१) इत्यादि **तैत्तिरीयश्रुतेश्च**। 'स वा अयमात्मा सर्वस्य वशी सर्वस्येशानः सर्वस्याधिपतिः। सर्वमिदं प्रशास्ति यदिदं किं चेति स सेतुर्विधरण एषां लोकानामसंभेदाय'इति। **शारीरब्राह्मणे** उक्तत्वाच्च। अचिन्त्यमव्यपदेश्यं षड्भावविकाररहितं सर्वदैकरूपं सर्वान्तर्यामि सर्वचालकं ब्रह्मेत्यर्थः।।४।।

अत्रायं मन्त्रार्थसंग्रहकः श्लोकः-

अकम्पमेकं मनसस्तरस्वि न देवता आपुरनाशिपूर्वम्।
तिष्ठत्तदत्येत्यपि धावतोऽन्यान्वायुर्हि कर्माणि दधाति तत्र।।५।।

ईशावास्यस्य विवृतौ कृतायां रामशर्मणा।
मन्त्रश्चतुर्थः संपूर्णः प्रीयतां तेन राघवः।।४।।

तदेजति तन्नैजति तद्दूरे तद्वन्तिके।
तदन्तरस्य सर्वस्य तदु सर्वस्यास्य बाह्यतः।।५।।

उक्तमर्थमन्योऽपि मन्त्रो वदति। अथवा आत्मतत्त्वस्य अतीतमन्त्रोक्त-दुष्प्रापत्वान्तर्यामित्वव्यापकत्वानुवादेन तस्यैव सर्वात्मकत्वं सुखप्राप्यत्वं च

श्रुतिरुपपादयति। नात्र पुनरुक्तिः। न मन्त्राणां जामितादोष इति भगवत्पादैरुक्तत्वात्। जामिता आलस्यं रहस्यं सकृदुक्तं चित्ते नायाति इति अनलसा **श्रुतिः**। सकरुणा मातेव पुनः पुनरुपदिशति। तदेजतीति। तत्प्रकृतं आत्मतत्त्वम्। एजति। चलति जङ्गमं तत्। न एजति। न चलति। स्थावरं 'पुरुष एवेदं सर्वं यद्भूतं यच्च भाव्यमिति'(वा.सं. ३१.२) **श्रुतेः**। तत् आत्मतत्त्वं दूरे विप्रकृष्टे। तदु। उ एवार्थे यद्दूरस्थं तदेव। अन्तिके समीपे समीपस्थमपि तदेव। दूरस्थमन्तिकस्थं ब्रह्मैव सर्वगत्वात्। अथवा सर्वरूपत्वाद्दूरस्थमन्तिकस्थं च ब्रह्मैव। अथवा अज्ञानिनां वर्षकोटिभिरप्यप्राप्यत्वात् दूर इव स्थितं आत्मज्ञानिनां तु समीप एव। आत्मत्वेन हृत्स्थत्वात्। तत् ब्रह्म अस्य प्रत्यक्षस्य सर्वस्य भूतजातस्य अन्तः। अभ्यन्तरे अन्तर्यामित्वेन अस्ति। तदु तदेव सर्वस्य अस्य बाह्यतः बाह्यप्रदेशे। उत्तमपुरुषत्वेन सार्वविभक्तिकः तसिः। 'अन्तर्बहिश्च तत्सर्वं व्याप्य नारायणः स्थित'इति **श्रुतेः** (महानारा. उ. ९.५.)। 'बहिरन्तश्च भूतानामचरं चरमेव च। सूक्ष्मत्वात्तदविज्ञेयं दूरस्थं चान्तिके च तद्'इति 'क्षरः सर्वाणि भूतानि कूटस्थोऽक्षर उच्यते'(भ.गी. १५.१६)। 'उत्तमः पुरुषस्त्वन्यः परमात्मेत्युदाहृतः (भ.गी. १५.१७) इति च **गीता**वाक्याच्च।।४।।

अत्रार्थसंग्रहश्लोकः–

ब्रह्मैव तत्स्थावरजङ्गमात्मस्वाज्ञानिनां दूर इवाप्रकाशम्।
तज्ज्ञानिनां भाति सदा समीपे विश्वस्य चान्तश्च बहिःस्थितं तत्।।८।।

ईशावास्यस्य [विवृतौ कृतायां रामशर्मणा।]
संपूर्णः पञ्चमो मन्त्रः प्रीयतां तेन राघवः।।५।।

यस्तु सर्वाणि भूतान्यात्मन्नेवानुपश्यति।
सर्वभूतेषु चात्मानं ततो न विचिकित्सति*।।६।।

उक्तात्मज्ञानस्य फलमाह। यस्त्विति। यस्तु। तु शब्दो वैलक्षण्यद्योतकः। यः पुनर्लोके विलक्षणदृष्टिः। सर्वाणि भूतानि। अव्यक्तादिस्थावरान्तानि। आत्मन्। आत्मनि सुपां सुलुगिति डेर्लुक्। अधिष्ठानरूप एव। अनु। गुरूपदेशानन्तरम्। पश्यति। अवलोकयति। च परं सर्वभूतेषु। तेषु। आत्मानम् अनु। कारणात्मना अनुगतम्। पश्यति। अनुभवति। ततः ऐकात्म्यज्ञानात् स पुरुषः न विचिकित्सति। संशयं न प्राप्नोति। संशयः उभयकोटिकं ज्ञानं द्वैतं पश्यतो भवति। नत्वैकात्म्यज्ञस्येति भावः। 'यदैतमनुपश्यत्यात्मानं देवमञ्जसा। ईशानं भूतभव्यस्य न तदा विचिकित्सति'इति **बृहदारण्यकश्रुतेः** (४.४.१५)। 'सर्वभूतस्थमात्मानं सर्वभूतानि

* marginal note विजुगुप्सत इति **काण्वानां** पाठः।

चात्मनि। संपश्यन् ब्रह्म परमं याति नान्येन हेतुना' इति। **कैवल्यश्रुतेश्च**(१०)। अस्या एव **श्रुते**:(१०)। उत्तरार्धं **गीतायां** 'ईक्षते योगयुक्तात्मा सर्वत्र समदर्शन' (भ.गी. ९.२७) इति। 'छिद्यन्ते सर्वसंशया:। तस्मिन् दृष्टे परावर' (मुण्डक उप. २.२.८) इति **मुण्डकश्रुतेश्च**।।६।।

अत्रायं संग्रह: श्लोक:-

य: पश्यतीस्थं सकलानि भूतान्यात्मन्यथात्मानमपीह विद्वान्।।
सर्वेषु भूतेषु स तत्त्ववेत्ता नि:संशय: स्यात्सकलैरनिन्द्य:।।६।।

ईशावास्यस्य विवृतौ कृतायां रामशर्मणा।
मन्त्र: षष्ठोऽपि संपूर्ण: प्रीयतां तेन राघव:।।६।।

यस्मिन्सर्वाणि भूतान्यात्मैवाभूद्विजानत:।
तत्र को मोह: क: शोक एकत्वमनुपश्यत:।।७।।

अधुना आत्मज्ञस्य स्थितिमाह। यस्मिन्निति यस्मिन्। काले विजानत:। आत्मानं साक्षात्कुर्वत:। सर्वाणि भूतानि ब्रह्मादिस्थावरान्तानि। न मद्व्यतिरिक्तं किंचिदस्ति। अहमेव सर्वरूप इति। आत्मैव अभूत्। संवृत्त:। तत्र तस्मिन्काले एकत्वम् प्ठेकात्म्यम्। अनुस्यूतम्। अनुपश्यत:। अनुभवत:। मोह: आवरणरूप:। क: निमित्तक: शोकश्च विक्षेपरूप:। क: किं निमित्तक: आत्मज्ञानेन अविद्याया निरस्तत्वात् स्वरूपं जानत:। समूलाविद्योच्छेदात् आवरणविक्षेपयोरभावेन कामाद्यनुदयात् जीवन्मुक्तिस्थित्या तूष्णींभूत आस्ते इत्यर्थ:। यत्र त्वस्य सर्वमात्मैवाभूत्तत्केन कं पश्येदित्यादिना तस्य निष्क्रियत्वाभिधानात्। 'आत्मन्येव च संतुष्टस्तस्य कार्यं न विद्यते'(भ.गी. ३.१७) इति **भगवद्वाक्याच्च**।।७।।

अत्रायं संग्रहश्लोक:-

सर्वाणि भूतानि मदात्मकानीत्येवंविदोऽभूत्सकलं यदात्मा।
तदैकतां पश्यत आत्मरूपे मोहश्च शोकश्च भवेत्कथंस्वित्।।१०।।

ईशावास्यस्य विवृतौ कृतायां रामशर्मणा।
संपूर्ण: सप्तमो मन्त्र: प्रीयतां तेन राघव:।।७।।

स पर्यगाच्छुक्रमकायमव्रणमस्नाविरꣳ शुद्धमपापविद्धम्।
कविर्मनीषी परिभू: स्वयभूर्याथातथ्यतोऽर्थान्व्यदधाच्छाश्वती-
भ्य: समाभ्य:।।८।।

आत्मज्ञस्थितिमुक्त्वा पुनः आत्मस्वरूपं लोकोत्तरैश्वर्यप्रदर्शनेन उपसंहर्तुं वर्णयति। स पर्यगादिति। अत्र स इति उत्तरार्धे च कविरित्यादिशब्दैः पुंल्लिङ्गत्वेन निर्देशात् शुक्रमित्यादीनि विशेषणानि। पुंल्लिङ्त्वेन विपरिणम्यानि। अथवा स इति शब्दो भिन्नक्रमः। उत्तरार्धेन संबध्यते। यत्तदोर्नित्यसंबंधात्। यत् ब्रह्मपर्यगात्। परिः सर्वतो भावे सर्वतो जगव्द्याप्य आसीत्। शुक्रं शुद्धं दीप्तिमत् स्वप्रकाशम्। 'तमेव भान्तमनुभाति सर्वं तस्य भासा सर्वमिदं विभाति'इति **श्रुतेः**(कठ. उ.५.१४)। अकायं सूक्ष्मदेहरहितम्। अव्रणं व्रणः क्षतं तद्रहितम्। अस्नाविरं स्नाविराः शिराः न सन्ति यस्य तत्। निरवयवत्वात् अव्रणं अस्नाविरम् इति विशेषणद्वयेन स्थूलशरीरनिरासः। 'अशरीरं शरीरेष्ववनवस्थेष्ववस्थितमिति' **श्रुतेः**(कठ.उ. २. २२)। शुद्धम्। मायासंबन्धरहितं 'विरजः पर आकाशादिति' **श्रुतेः**(बृह. ४.४. २०)। 'तमसः परमुच्यते' (भ.गी. १३.१७) इति **गीता**वाक्याच्च। अपापविद्धम्। पुण्यमपि पुनरावृत्तिहेतुत्वात्पापमेव तेन उभयात्मकेन अविद्धं असंबद्धम्। 'स न साधुना कर्मणा भूयान्नो एवासाधुना कनीयानिति' **श्रुतेः**(बृह.४.४.२२)। 'नादत्ते कस्यचित्पापं न चैव सुकृतं विभुः(भ.गी. ५.१५)' इति **भगवद्वाक्या**च्च। सः एतादृशं ब्रह्मैव स्वशक्तिमादाय ईश्वरो भूत्वा कविः अतीतानागतज्ञः 'वेदाहं समतीतानि वर्तमानानि चार्जुन। भविष्याणि च भूतानि।' (भ.गी. ७.२९) इति **गीताया**मुक्तात्वात्। 'सोऽकामयत बहुस्यां प्रजायेय'इति **श्रुतेः**। मनीषी। मनीषा जगत्सर्जनेच्छा तद्वान्। अथवा मनो नियन्ता 'मनसो ये मनो विदुरिति' **श्रुतेः**(बृह. ४.४.१८)। परिभूः परिः उपर्यर्थकः परि सर्वेषां उपरि श्रेष्ठत्वेन भवति अस्तीति परिभूः। स्वयंभूः। स्वयमेव भवति न तु कारणान्तरेणेत्यर्थः। अथवा येषां उपरि यश्चोपरि तत्सर्वं स्वयमेव भवतीति सर्वरूपः। याथातथ्यतः। यथा तथा भावः याथातथ्यम्। तेनेति याथातथ्यतः साध्यसाधनादिप्रतिनियतस्वरूपेण अर्थात् चेतनाचेतनरूपपदार्थान् व्यदधात्। विभज्य दत्तवान्। शाश्वतीभ्यः नित्याभ्यः। समाभ्यः संवत्सराख्येभ्यः प्रजापतिभ्यः। 'यो वै संवत्सरः प्रजापतिः षोडशकल' इति **श्रुतेः**(बृह. १.५.१४-१५)। अचिन्त्यशक्तिमत् ब्रह्मेति भावः। अथवा यथोक्तात्मज्ञस्य उक्तानुवादपूर्वकं ऐश्वर्यमाह। स शब्द उत्तरार्द्धेनैव संबध्यते। यः शुक्रमित्यादि यथोक्तविशेषणविशिष्टं ब्रह्म पर्यगात् सर्वभावेन ज्ञातवान्। गत्यर्थानां बुद्ध्यर्थत्वान्। स ब्रह्मज्ञः कविः क्रान्तदर्शी मनीषी द्वैतासंबन्धेन प्रशस्तबुद्धिमान् परितः सर्वमपि स्वयमेव भवतीति परिभूः। सकलात्मकः स्वयंभूः ब्रह्मरूपः। यथास्वरूपं तेन तेन रूपेण अर्थान् पदार्थान् भोग्यविषयान् शाश्वतीभ्यः समाभ्यः। तादर्थ्ये चतुर्थी। अनन्तवर्षेऽपि भोगाय व्यदधात्। स्वयमेव कृतवान्। 'यस्यानुवित्तः प्रतिबुद्ध आत्मास्मिन्संदेहे गहने प्रविष्टः। स विश्वकृत्स हि सर्वस्य कर्तेति **श्रुतेः**। ब्रह्मविद् ब्रह्मैव भवतीति भावः।।८।।

अत्रार्थे श्लोकयोजना-

यो ज्ञानवान् शुद्धमपापविद्धं देहद्वयातीतमतिप्रकाशम्।
कविः स धीमान् सकलः स्वयंभूर्व्यधाद्यथास्वं बहुकालमर्थान्।।११।।

अत्रायं संग्रहश्लोकः-

अध्यापकं शुद्धमपापविद्धं देहद्वयातीतमतिप्रकाशम्।
कविः स धीमान् प्रवरः स्वयंभूः प्रजापतिभ्यो व्यदधाद्यथार्थान्।।१२।।

ईशावास्यस्य विवृतौ कृतायां रामशर्मणा।
संपूर्णश्चाष्टमो मन्त्रः प्रीयतां तेन राघवः।।९।।

अन्धं तमः प्रविशन्ति येऽसंभूतिमुपासते।
ततो भूयऽइव ते तमो य उ संभूत्या ँ रताः।।९।।

उपक्रान्तमात्मतत्त्वमुपसंहृत्य यस्तूक्ततत्त्वानभिज्ञ एषणात्यागाभावेन संन्यासे च नाधिकारी संसारे च नात्यन्तं सक्तः। तं प्रति चित्तैकाग्र्यार्थमुपासनासमुच्चयं कथयिष्यन् प्रत्येकमुपासनां फलकथनव्याजेन निन्दति। अथवा उक्तात्मज्ञानस्याखिल-श्रेष्ठत्वं तव्द्यतिरिक्तानां संसरणहेतुत्वप्रदर्शनेन द्रढयति। अन्धं तम इति। ये नराः। असंभूतिम्। सम्यक् भवनं भूतिः उत्पत्तिर्यस्य कार्यस्य तद्भिन्नां कारणरूपाम् अव्याकृताख्यां प्रकृतिं उपासते। चिन्तयन्ति ते। अन्धंतमः। अदर्शनात्मिकां प्रकृतिं प्रविशन्ति। प्रकर्षेण विशन्ति पौराणिकोक्तं प्रकृतिलयं प्राप्नुवन्ति। 'तं यथा यथोपासते तदेव भवतीति' श्रुतेः(शत.ब्रा. 10.5.2.20) य उ। ये तु। संभूत्याम्। प्रकृतिकार्ये हिरण्यगर्भाख्ये रताः। आसक्ताः। तदुपासका इत्यर्थः। ते ततः प्रकृतिलयात् भूय इव। अधिकमिव स्वरूपाज्ञानेन संसरणाहेतुत्वात्। तमः। अणिमादिसिद्धिसमुदायं प्राप्नुवन्ति।।९।।

अत्रायं संग्रहश्लोकः-

अव्याकृतं हेतुमुपासते ये संप्राप्नुवन्ति प्रकृतौ लयं ते।
प्रजापतिं कार्यमुपासते ये ते प्राप्नुवन्ति ह्यणिमादिसिद्धीः।।१३।।

ईशावास्यस्य विवृतौ कृतायां रामशर्मणा।
संपूर्णो नवमो मन्त्रः प्रीयतां तेन राघवः।।९।।

अन्यदेवाहुः संभवादन्यदाहुरसंभवात्।
इति शुश्रुम धीराणां ये नस्तद्विचचक्षिरे।।१०।।

व्याकृताव्याकृतोपासनयोर्भिन्नफलत्वे श्रुतिरार्यवचः प्रमाणयति। संभवात् संभूतिरूपकार्यप्रजापत्युपासनात्। अन्यदेव भिन्नमेव अणिमादि सिद्धिरूपं फलं तत्त्वज्ञाः आहुः वदन्ति। तथा असंभवात् असंभूतिरूपकारणाव्याकृताख्य-प्रकृत्युपासनात् अन्यत्। प्रकृतिलयाख्यं फलम्। आहुः। कथयन्ति। उपास्योपासनयोः अभेदविवक्षया संभवात् असंभवात् इत्युक्तम्। ये। ज्ञानिनः। नः। अस्मभ्यम्। भाष्यमते अन्वर्थसंज्ञाविज्ञानाभावात्संप्रदानत्वं अस्मान्वा। अकथितं चेति व्यापार-द्व्यर्थत्वाद्वा द्विकर्मकत्वम्। तत्। उपासनाद्वयतत्त्वम्। विचचक्षिरे। व्याख्यातवन्तः। तेषाम्। धीराणाम्। वाक्यमिति शेषः। अथवा प्रसिद्धत्वाद्वाक्यमिति कर्मणः अप्रयोगः। आख्यातोपयोग इति अपादानत्वस्याविवक्षया शेषषष्ठी। धीरेभ्य इत्यर्थः। इति। पूर्वार्धोक्तप्रकारेण वयं शुश्रुम श्रुतवन्तः। अत्रार्थे संग्रहश्लोकः-

अन्यत्फलं कार्यमुपासतां स्यादुपासतां कारणमन्यदेव।
एतस्य तत्त्वं विबुधा य ऊचुस्तेषां पुरावाक्यमिति श्रुतं नः॥१४॥

ईशावास्यस्य विवृतौ कृतायां रामशर्मणा।
संपूर्णो दशमो मन्त्रः प्रीयतां तेन राघवः॥१०॥

संभूतिं च विनाशं च यस्तद्वेदोभयं सह।
विनाशेन मृत्युं तीर्त्वा संभूत्यामृतमश्नुते॥११॥

यत एवं अतः उभयोः समुच्चयो युक्त इत्याह। संभूतिमिति। पुमान् संभूतिं च। अवर्णलोपः पृषोदरादित्वात्। असंभूतिम् प्रकृतिम्। अथवा सम्यक् भवत्यस्याः कार्यमिति संभूतिः कारणम्। प्रकृतिः। तां च। च परम्। विनाशं च। विनाशोऽस्यास्तीति विनाशम्। च इत्यर्थपूर्वापरसंदर्भानुसारेण वक्तुरभिप्रायस्य अभिधानियामकत्वात्। कार्यम्। अर्श आद्यच्। तत् उभयम्। कार्यकारणोपासनाद्वयम्। सह समुच्चितं फलदम्। इति वेद जानाति। सः। विनाशेन हिरण्यगर्भाख्यकार्योपासनेन मृत्युम्। अनैश्वर्यादि दुःखजातम्। तीर्त्वा अतिक्रम्य असंभूत्या। अथवा पूर्वोक्तप्रकारेण संभूत्या अव्याकृताख्यकारणोपासनेन। यथा अस्मदपेक्षया अधिकजीवनेन देवा (कठ. उ.२.४.) अमराः। तथा आपेक्षिकम्। अमृतम्। प्रकृतिलयम्। अश्नुते। प्राप्नोति। अत्रायं संग्रहश्लोकः-

उपासने कार्यनिदानयोस्ते समाश्रिते वेद परस्परं यः।
तत्राद्यया प्राप्य स ईश्वरत्वं द्वितीयया याति लयं प्रकृत्याम्॥१४॥

ईशावास्यस्य विवृतौ कृतायां रामशर्मणा।
पूर्ण एकादशो मन्त्रः प्रीयतां तेन राघवः॥१४॥

अन्धं तमः प्रविशन्ति येऽविद्यामुपासते।
ततो भूय इव ते तमो य उ विद्यायां ँ रताः॥१२॥

अधुना कर्मणा उपासनां समुच्चिचीषन् प्रत्येकमुभयं फलं प्रदर्श्य निन्दति। अथवा व्याकृताव्याकृतोपासनयोः फलं प्रदर्श्य कर्मणां देवतान्तरोपासनानां च फलं दर्शयति। अन्धं तम इति। ये नराः। अविद्याम्। विद्या ज्ञानं तद्भिन्ना अविद्या तां कर्म केवलम्। उपासते। तत्पराः सन्तोऽनुतिष्ठन्ति ते अन्धं तमः। जन्ममरणरूपं विशन्ति प्राप्नुवन्ति। य उ। ये तु अशुद्धचित्ता अपि कर्म न कुर्वन्ति। किन्तु केवलायां विद्यायाम्। देवतोपासनायाम्। रताः। आसक्ताः। ते कर्माधिकारे सत्यपि कर्मत्यागेन प्रत्यवायरूपदोषयुक्ताः। सन्तः। ततः कर्मानुष्ठातृभ्यः। भूय इव। अधिकमिव तमः संसरणलक्षणम्। विशन्ति प्राप्नुवन्ति। उपासनाफलं नाश्नुवन्ति। किन्तु संसरन्तीति भावः॥१२॥

अत्रायं संग्रहश्लोकः-

उपासते केवलकर्मजालं ये संसरन्तीह पुनः पुनस्ते।
तेभ्योऽधिकं यान्ति गतागतं ते उपासते केवलदेवतानि॥१६॥

ईशावास्यस्य विवृतौ कृतायां रामशर्मणा।
संपूर्णो द्वादशो मन्त्रः प्रीयतां तेन राघवः॥१२॥

अन्यदेवाहुर्विद्याया अन्यदाहुरविद्यायाः।
इति शुश्रुम धीराणां ये नस्तद्विचचक्षिरे॥१३॥

उक्तार्थे श्रुतिर्विद्वचः प्रमाणयति। अन्यदेवेति। विद्यायाः। देवतोपासनायाः फलम्। अन्यदेव। 'विद्यया देवलोक' इति **श्रुतेः**(बृह. १.५.१६) देवलोकप्राप्ति-लक्षणम्। प्राज्ञाः। आहुः। तथा अविद्यायाः। कर्मणः अन्यत्। 'कर्मणा पितृलोक'(बृह. १.५.१६) इति वचनात्। पितृलोकप्राप्तिलक्षणमाहुः। 'दूरमेते विपरीते विषूची अविद्या या च विद्येति' **श्रुतेश्च**(कठ.उ.२.४)। एवंप्रकारेण उभयतत्त्वव्याख्यातृभ्यः पूर्वमस्माभिः श्रुतमस्ति इति तात्पर्यम्। पदव्याख्या तु व्याकृताव्याकृतोपासना-वन्मन्त्रे कृता॥१३॥

अत्रायं संग्रहश्लोकः-

बुधाः फलं कर्मण आहुरन्यत् स्याद्देवतोपास्तिफलं तथान्यत्।
ये तस्य तत्त्वं गुरवो न ऊचुस्तेभ्यः पुरास्माभिरिति श्रुतं हि॥१७॥

ईशावास्यस्य विवृतौ कृतायां रामशर्मणा।
पूर्णस्त्रयोदशो मन्त्रः प्रीयतां तेन राघवः॥१३॥

विद्यां चाविद्यां च यस्तद्वेदोभयꣳ सह।
अविद्यया म्यृत्युं तीर्त्वा विद्ययामृतमश्नुते॥१४॥

उभयोः समुच्चये फलमाह। विद्यां चेति। विद्यां च देवतोपासनाम्। अविद्यां च कर्म तत् उभयं सह। समुच्चितं फलदातृ इति यः पुमान् वेद। सः अविद्यया। कर्मणा। मृत्युम्। स्वाभाविकमज्ञानं विस्मरणलक्षणम्। तीर्त्वा। दूरीकृत्य विद्यया। देवतोपासनेन। अमृतं देवतात्मभावम्। अश्नुते। प्राप्नोति। 'तद्ध्यमृतमुच्यते यद्देवतात्मगमनमिति' **श्रुतेः**॥१४॥

अत्रायं संग्रहश्लोकः-

यो देवतोपास्तिमथापि कर्म एकेन कार्यं पुरुषेण वेद।
स्वकर्मणा मृत्युमतीत्य विद्वान् स विद्ययाप्नोति हि देवतात्वम्॥१८॥

अथवा कर्मणामुपासनानां च फलं प्रदर्श्य आत्माज्ञानेनैव कृतकृत्यतेति श्रुतिरुपपादयति। वक्तृतात्पर्यस्याभिधानियामकत्वात्। विद्याम्। आत्मज्ञानं च परं अविद्यां च कर्म इति उभयम्। पाठक्रमादर्थक्रमो बलीयानिति कर्म आत्मज्ञानं च पूर्वापराधिकारभेदेन सह एकपुरुषकर्तव्यत्वेन समुच्चितम्। यः वेद सः अविद्यया कर्मणा उपासनायामपि मानसं कर्मैव मृत्युं स्वरूपविस्मरणहेतुं चित्तमलं अनैकाग्र्यं तीर्त्वा। अतिक्रम्य विद्यया आत्मज्ञानेन अमृतम्। मोक्षं अश्नुते। 'तमेव विदित्वातिमृत्युमेति नान्यः पन्था विद्यतेऽयनायेति **श्रुतेः**(बा.सं. ३१.१८)॥१४॥

अत्रार्थे श्लोकयोजना।

कर्मात्मविज्ञानमपि क्रमेण संपाद्यमेकेन नरेण वेद।
यः कर्मणा चित्तविशद्धिमाप्य स विद्ययाप्नोत्यमृतं हि विद्वान्॥१७॥

ईशावास्यस्य विवृत्तौ कृतायां रामशर्मणा।
पूर्णश्चतुर्दशो श्लोकः प्रीयतां तेन राघवः॥१४॥

वायुरनिलममृतमथेदं भस्मान्त ꣳ शरीरम्।
ओ३म् क्रतो स्मर क्लिबे स्मर कृत ꣳ स्मर॥१५॥

प्रथमव्याख्यायामुक्तोपासनावान् योगी देवमन्ते प्रार्थयते। वायुरनिलमिति। द्वितीयव्याख्यायां तु आत्मज्ञस्य आप्तकामत्वेन देहान्ते अन्यत्र गमनं नास्ति। आप्तकामो भवति। 'न तस्य प्राणा उत्क्रामन्त्यत्रैव समवनीयन्ते ब्रह्मैव सन् ब्रह्माप्येतीति' **श्रुतेः** (बृह.४.४.६) न च प्रार्थ्यं देवतान्तरम्। 'य एवं वेदाहं ब्रह्मास्मीति स इदं सर्वं भवति'इति **श्रुतेस्तस्य** सर्वात्मकत्वात्। असंकल्पत्वाच्च। 'तमक्रतुः पश्यति वीतशोक' (कठ. उ.२.२०) इत्युक्तत्वात्। अतः आत्मज्ञवन्नान्य-

स्यात्रैव कृतकृत्यतेति निदर्शयितुं सिंहावलोकनन्यायेन पूर्वोक्तव्याकृताव्याकृतोपासनावान् देवतान्तरोपासनावान् च लोकान्तरगमनयोग्यः योगी देवतामन्ते प्रार्थयेतेति **श्रुति**रुपदर्शयति। वायुरिति। मम वायुः। शरीरस्थः प्राणः प्राणोपलक्षितं लिङ्गशरीरं उत्क्रान्तं सन्। अमृतम्। 'मृत्युना अनाप्तं तानि मृत्युः श्रमो भूत्वोपयेमे' (बृह. १.५.२१) इति प्रक्रम्य प्रथममेव 'नाप्नोद्योयं मध्यमः प्राण' इति **श्रुते**:(बृह. १.५.२२)। अनिलम्। सूत्रात्मानं प्राप्नोतु इति शेषः। 'यदा वै पुरुषो लोकात्प्रैतीत्यादिना (बृह. ४.१०.१) वायोरेव परलोकप्रापकत्वोक्तेः। अथ इदम्। स्थूलं शरीरं भस्मान्तं भस्मैव अन्तः परिणामो यस्य तादृशं पृथिव्यंशत्वादत्रैव तिष्ठतु इति तात्पर्यम्। ओमिति ब्रह्मनाम। अवति आप्नोति सर्वान् पदार्थान् अथवा अवति रक्षति सर्वभूतजातं अथवा अवति दीप्यत इति स्वयंप्रकाशं ब्रह्म। 'ॐ तत्सदिति निर्देशो ब्रह्मणस्त्रिविधः स्मृतः' (भ.गी. २.२३) इति **गीता**वाक्यात्। तद्रूपक्रतो। क्रतुः यज्ञः तद्धेतुत्वात् संकल्पोऽपि क्रतुः 'यथाक्रतुर्भवति। तत्कर्म कुरुते' इति **श्रुते**:(छां. उ.३.१४.१)। हे संकल्प। स्मर। यत् मम इष्टं तत् स्मर। 'यं यं वापि स्मरन्भावं त्यजत्यन्ते कलेवरम्। तं तमेवैति कौन्तेय सदा तद्भावभावितः' (भ.गी. ८.६.) इति भगवद्वाक्यात्। क्लिबे। कल्पते प्राप्तुं योग्यो भवतीति क्लिप्। इमागमश्छान्दसः। तस्मै क्लिबे। जसादेशो यस्मयादित्वे पदत्वात्। मया प्राप्तुं योग्याय लोकाय क्रियार्थोपपदस्येति कर्मणि चतुर्थी। तं दातुम्। स्मर स्मरणविषयं कुरु। कृतम्। यत् मया बाल्यप्रभृति अनुष्ठितं तत् स्मर। स्मरेत्यस्य त्रिरावृत्तिः संभ्रमेण प्रवृत्तत्वात्॥१५॥

अत्रायं संग्रहश्लोकः-

सूत्रं मरुद्यातु वपुर्ममेदं भस्मान्तमुर्वीं प्रणवात्मकस्त्वम्।
संकल्प यत्कर्म कृतं मयेष्टं प्राप्यं च लोकं मम संस्मराद्य॥२०॥

ईशावास्यस्य विवृतौ कृतायां रामशर्मणा।
पूर्णः पञ्चदशो मन्त्रः प्रीयतां तेन राघवः॥१५॥

अग्ने नय सुपथा रायेऽअस्मान्विश्वानि देव वयुनानि विद्वान्।
युयोध्यस्मज्जुहुराणमेनो भूयिष्ठां ते नमउक्तिं विधेम॥१६॥

अथ कर्मकृत् सर्वाश्रमेषु परिचरितमग्निं प्रार्थयेत। अग्ने नयेति। हे देव दीव्यति दीप्यत इति देवः द्योतनात्मक अग्ने अस्मान् त्वदुपासकान् सुपथा गतागतरहितेन मार्गेण राये। भोग्याय फलाय मुक्तिरूपाय। तादर्थ्ये चतुर्थी तदर्थं नय प्रापय। यतः भवान् विश्वानि सर्वाणि वयुनानि ज्ञानानि कर्माणि वा विद्वान् जानन्। किं च जुहुराणं हुर्छेः सनो लुक् छलोपश्चेति सिद्धम्। कौटिल्यं वञ्चनात्मकं व्यवहारार्थमाचरितम्। एनः पापं अस्मत् अस्मत्तः युयोधि अमिश्रितं कुरु। नाशयेत्यर्थः।

अमिश्रणार्थकाद्युधातोरादादिकादपि बहुलं छन्दसीतिश्लुः। अङितश्चेति हेर्धिः। वा छन्दसीत्यपित्वविकल्पाद् द्वित्वाभावेन गुणः। निध्यापत्वे मुक्तियोग्यत्वं स्यादिति भावः। यतः अधुना यं नमस्कारमपि कर्तुमशक्ताः शरीरापाटवात्। किमुतान्य-परिचर्याम्। अतः ते तव भूयिष्ठां बहुतरां नम उक्तिं नमस्कारवचनं विधेम उत्तम-पुरुषे आशीर्लिङ्गे बहुवचनम्। छन्दस्युभयथेति सार्वधातुकत्वं अङ् आलोपः। कुर्याम्। नमस्कारेण वै क्षमयतीति वचनात्। नमोऽस्तु नमोऽस्त्विति ब्रूमः। एतावतैव त्वं प्रसन्नो भवेति तात्पर्यम्। अत्रायं संग्रहश्लोकः-

ज्ञानानि सर्वाणि विदंस्त्वमग्ने संप्रापयास्मान्सुपथा विमुक्तिम्।
कौटिल्यमेनः कुरु नः पृथक्त्वां कुर्मो नमोऽन्ते बहुधा स्ववाचा॥२१॥

ईशावास्यविवृतौ कृतायां रामशर्मणा।
संपूर्णः षोडशो मन्त्रः प्रीयतां तेन राघवः॥१६॥

हिरण्मयेन पात्रेण सत्यस्यापिहितं मुखम्।
योऽसावादित्ये पुरुषः सो ऽसावहम्॥१७॥

ओ३म् खं ब्रह्म॥

अथ पुनरादित्यान्तर्यामिपुरुषोपासनामभेदेन वर्णयन्। ऐकात्म्यमुपसंहरति। हिरण्मयेनेति। हिरण्मयेन। हिरण्यस्य विकारः। हिरण्मयं तदिव प्रकाशात्मकं तेन। पात्रेण। पिबन्ति रश्मयः रसान् यत्र स्थिताः। तेन बिम्बेन। सत्यस्य। 'सत्यस्य सत्यमिति' **श्रुतेः**(बृह. २.१.२०)। ब्रह्मणः। मुखम्। मुखमिव मुखं प्रधानरूपं अपिहितम् आच्छादितम्। सर्वजनैरज्ञातम् अस्ति। तथापि सः। प्रसिद्धः। असौ। प्राकृतजनानां परोक्षः। आदित्ये। सूर्यमण्डले स्वयंप्रकाशः सकलशक्त्याधारभूतः पुरुषः। 'स वा अयं पुरुषः सर्वासु पूर्षु पुरिशय' इति **श्रुतेः**(बृह. २.५.१८)। अन्तर्यामी। अस्ति। सः। पुनः असौ इत्यनेन अवधारणं स एव। अथवा एतच्छब्दार्थे अदस्शब्दः। एषः सर्वसमीपतरः। अहम्। इति प्रत्यक्षतः स्वानुभवं श्रुतिरधिकारेण प्रदर्शयति। 'स यश्चायं पुरुषे यश्चासावादित्ये स एक' इति **श्रुतेः**(तै.उ. २.८;५.३.१०.४)। ॐकारवाच्यं खम्। आकाशमिव व्यापकं ब्रह्म। अहमस्मीति भावः। एवमेव त्वमपि ब्रह्मरूपोऽसीति तात्पर्यम्॥१७॥

अत्रायं संग्रहश्लोकः-

तेजोमयेनापिहितं स्वरूपं सत्यस्य बिम्बेन सदा परं तु।

भानावसौ यः पुरुषोऽस्ति सोऽहं ज्ञेयं विभुब्रह्म सदोंस्वरूपम्।।२२।।

ईशावास्यस्य विवृतौ कृतायां रामशर्मणा।
संपूर्णः सप्तदशो मन्त्रः प्रीयतां तेन राघवः।।१७।।

माध्यन्दिनेशोपनिषद्रहस्यप्रकाशकं श्लोकसमूहमेतम्।
कृत्वार्पितं श्रीगुरुपादपद्मे पठत्यजस्रं स विमुक्तिमीयात्।।२३।।

ईशाख्योपनिषद्रहस्यविवृतिं **श्रीराम**शर्माकृत-
श्रीकृष्णात्रिकुलोद्भवः कविवरः **श्रीसिद्धराजात्म**जः।
शाकें खेटगुणाचलावनि (१७३९)मिते यामीश्वरेऽब्दे मधौ
सेयं श्रीरघुवीरपादकमले भक्त्यार्पिता श्रीमती।।२४।।

इति श्रीमद्विद्वन्मुकुटालंकार-हीर-श्रीराजयोगिवरिष्ठ-श्री-सिद्धेश्वरसूरिसूनुना श्रीरामचन्द्रपण्डितेन विरचिता श्रीमाध्यन्दिनीयेशावास्योपनिषद्रहस्यविवृतिः समाप्तिमगमत्।।

३. दशोपनिषद्रहस्यम्

सविवृति

(श्रीमत्सिद्धेश्वरसूनुश्रीमद्रामचन्द्रपण्डितविरचितम्।)

श्रीगुरुराड् विजयतेतराम्।

श्रीरामो लक्ष्मणाय स्वचरणशरणायोच एतद्रहस्यं
निष्कामैः कर्मभिः स्वैर्भवति शुचि मनो यस्य सोऽत्राधिकारी।
प्राप्य श्रीदैशिकास्याच्छ्रुतिशिर-उदितैस्तत्त्वमस्यादिवाक्यैः
स्वात्मब्रह्मैक्यबोधं जनिमृतिरहितो मोदते नित्यमुक्तः॥१॥

श्रीमत्सच्चिदानन्दस्वरूपिश्रीमद्गुरुभ्यो नमः। श्रीराम इति-श्रीमद्‌**भगवत्पाद**-प्रणीतेषु ग्रन्थेषु श्रीदैशिकोक्तश्रुतिशिरोजन्यापरोक्षज्ञानस्यैव मुक्तिसाधनत्वोक्तेः समस्तोपनिषदर्थविचारणाशक्तस्य विज्ञानोपयोगिदशोपनिषत्तात्पर्यबुबोधिषया दशोपनिषद्रहस्यं दशश्लोकै रचयितुमिच्छू **रामचन्द्रशर्मा** श्रीरामाख्यस्वेष्टदेवतानाम-निर्देशात्मकं मङ्गलं कुर्वन् वक्ष्यमाणविषयं सूचयति-श्रीराम इति। श्रीर्विद्यात्मिका स्वशक्तिस्तया युक्तो रामो ब्रह्म-

"रमन्ते योगिनोऽनन्ते नित्यानन्दचिदात्मनि।
इति रामपदेनासौ परं ब्रह्माभिधीयते॥"

इति **तापनीयोक्तेः** (श्रीरामपूर्वतापिन्युपषत् १.६) तस्य च स्वेच्छयैवालुप्तज्ञानैश्वर्यादिशक्तेराविर्भाव एवावतारः।

"अजोऽपि सन्नव्ययात्मा भूतानामीश्वरोऽपि सन्।
प्रकृतिं स्वामधिष्ठाय संभवाम्यात्ममायया॥"

इति **भगवदुक्तेः** (भ.गी. ४.६)।

स्वचरणशरणाय निजचरणयोः शरणाय प्रतिपन्नाय। अनेन स्वशरणं विना रहस्यं न वक्तव्यमिति ध्वनितम्। लक्ष्मणाय सौमित्रये। एतद्वक्ष्यमाणं रहस्यं गुह्यं ऊचे उक्तवान्। एतत्किम्? निष्कामैः कामनारहितैः स्ववर्णाश्रमोदितैर्भगवदर्पितैः कर्मभिर्यस्य मनोऽन्तःकरणं शुचि शुद्धं भवति। स शुद्धचित्तः साधनचतुष्टयसंपन्नोऽत्र

ज्ञानोपदेशेऽधिकारी। 'अविद्यया मृत्युं तीर्त्वा विद्ययामृतमश्नुते' इति **श्रुतेः** (ईशा. उप. ११) अविद्यया कर्मणा मृत्युं चित्तमलं तीर्त्वा दूरीकृत्य विद्यया ज्ञानेनामृतं मोक्षमश्नुते प्राप्नोतीत्यर्थः।

"तस्मादसक्तः सततं कार्यं कर्म समाचर।
असक्तो ह्याचरन्कर्म परमाप्नोति पूरुषः।।"

इति **भगवदुक्तेः** (भ.गी. ३.१९)

कार्यमवश्यकर्तव्यं नित्यं नैमित्तिकं चासक्तः फलासक्तिरहितः सन्सततं तत्तत्काले सम्यग्यथाविध्याचारो निष्कामः सन्कर्म कुर्वंश्चित्तशुद्धिद्वारा परं परमात्मानमाप्नोति न तु कर्मफलैर्बध्यते। कर्मणां चित्तशुद्धिहेतुत्वं **श्रीरामगीता**-यामभिहितम्। (अध्यात्मरामा. ७.५.७)–

"आदौ स्ववर्णाश्रमवर्णिताः क्रियाः कृत्वा समासादितशुद्धमानसः।
समाप्य तत्पूर्वमुपात्तसाधनः समाश्रयेत्सद्गुरुमात्मलब्धये।।" इति।

भगवत्पादैश्चैवमेवोक्तम्-

स्ववर्णाश्रमधर्मेण तपसा हरितोषणात्।

साधनं प्रभवेत्पुंसां वैराग्यादिचतुष्टयम्।। (**अपरोक्षानुभूतिः** ३) इति। १. वैराग्यं, २. विवेकः, ३. शमो दम उपरतिस्तितिक्षा श्रद्धा समाधानमिति षट्, ४. मुमुक्षुत्वं चेति साधनचतुष्टयम्। एतेषां लक्षणान्यपरोक्षानुभूत्यां द्रष्टव्यानि। सोऽधिकारी पुरुषः श्रीदैशिकास्यात् श्रीर्मोक्षसंपत्, तद्युक्तो देशिकः सद्गुरुस्तस्यास्यान्मुख-कमलाद्गुरुवचनेनैववापरोक्षबोध इति भावः। उक्तं **चाथर्वणश्रुतौ**-तद्विज्ञानार्थं स गुरुमेवाभिगच्छेत्समित्पाणिः श्रोत्रियं ब्रह्मनिष्ठम्' (मुण्ड, उ. १.२.१२) इति। वेदशास्त्रार्थज्ञं ब्रह्मणि निष्ठा तात्पर्येण स्थितिर्यस्य तमपरोक्षसाक्षात्कारवन्तमित्यर्थः। **गीतायां** च-'उपदेक्ष्यन्ति ते ज्ञानं ज्ञानिनस्तत्त्वदर्शिनः' (भ.गी. ४.३.४) इति। **भागवते**ऽपि-"तस्माद्गुरुं प्रपद्येत जिज्ञासुः श्रेय उत्तमम्। शाब्दे परे च निष्णातं ब्रह्मण्युपशमाश्रयम्।। (भा.पु. ११.४.२१) इति। श्रुतिशिरःसूपनिषत्सूदितैः प्रोक्तैस्तत्त्वमस्यादिवाक्यैः 'तत्त्वमसि' (छां. ६.८.७) इत्यादि प्रमुखं येषां तैरादिशब्देन 'अहं ब्रह्मास्मि' (बृह. १.४.१०) इत्यादिवाक्यैर्महावाक्यैः स्वात्मब्रह्मैक्यबोधं स्वात्मा प्रत्यगात्मा ब्रह्म सच्चिदानन्दं जगदुत्पत्त्यादिहेतुभूतं तयोरैक्यमभेदस्तस्य बोधोऽहं ब्रह्मास्मीत्यपरोक्षसाक्षात्कारस्तं प्राप्य जनिमृतिरहितो जनिर्जन्म मृतिर्मरणं ताभ्यां रहितो वियुक्तोऽत एव नित्यमुक्तो द्वैतसम्बन्धशून्यः सन्मोदते। सहजनिजा-नन्दवान् भवति। 'स यो ह वै तत्परमं ब्रह्म वेद ब्रह्मैव भवति'.....'तरति शोकम्' इति **मुण्डकश्रुतेः** (३.२.९) 'तत्र को मोहः कः शोक एकत्वमनुपश्यतः' इति **ईशावास्यश्रुतेश्च** (ईश. उप. ७)।

श्रीरामगीतायां च-

"श्रद्धान्वितस्तत्त्वमसीति वाक्यतो गुरोः प्रसादादपि शुद्धमानसः।
विज्ञाय चैकात्म्यमथात्मजीवयोः सुखीभवेन्मेरुरिवाप्रकम्पनः"।

(अध्यात्मरामा. ७.५.३४) इति।

श्रीरामहृदयेऽपि-

"ऐक्यज्ञानं यदोत्पन्नं महावाक्येन चात्मनोः।
तदाविद्या स्वकार्यैश्च नश्यत्येव न संशयः।।"

(अध्यात्मरामा. १.१.५०) इति।

भगवद्गीतायामपि-

"इदं ज्ञानमुपाश्रित्य मम साधर्म्यमागताः।
सर्गेऽपि नोपजायन्ते प्रलये न व्यथन्ति च।।"

(१४.२) इति।

अनेनोपनिषदुक्तज्ञानमेव मुक्तिसाधनमिति बोधितम्। तात्पर्येणानुबन्धचतुष्टयं च सूचितम्। अधिकारी त्वोक्त एव। विषय उपनिषत्प्रतिपाद्यं स्वात्मब्रह्मैक्यं संबन्धः। विषयस्य शब्दानां च प्रतिपाद्यप्रतिपादकभावः। बोधस्य मुक्तेश्च जन्यजनक-भावोऽपि। प्रयोजनं निरतिशयानन्दावाप्तिरिति। एवमेव प्रतिश्लोकं बुद्ध्या विभावनीयम्।।१।।

श्रीगुरुः।

सत्ये मय्येव भातं चरमचरमतोऽन्तर्बहिश्चाहमेको
मत्तोऽन्यन्नास्ति किंचिज्जगदपि सवितुर्मण्डले पूरुषोऽहम्।
इत्थं यस्य प्रबोधो गुरुवरकरुणापाङ्गतस्तस्य तृष्णा
संदेहो मोहशोकौ भयजननजरामृत्यवो नैव सन्ति।।२।।

अथ **ईशोपनिषद्रहस्यमाह**-सत्य इति। सत्ये कालत्रयाबाधितेऽधिष्ठानब्रह्मरूपे मयि प्रत्यगात्मन्येव चरं जङ्गममचरं स्थावरमुभयात्मकमखिलं जगद्रज्जौ सर्पधारा-दण्डादिविकल्पजातवत्, किरणेषु मृगजलवच्च भ्रान्तं मिथ्याभासविषयम्। अतः कारणादस्य जगतोऽन्तर्बहिश्चाहमेक एव सर्पादिविवर्तजालस्याधिष्ठानभूतरज्जुवत्, मृगजलपूरस्य किरणवच्च। अत एव प्रत्यगात्मनो ब्रह्मरूपादधिष्ठानादन्यद्भिन्नं किंचिदल्पमपि जगद्विवर्तरूपं नास्ति रज्वादेः सर्पवत्। 'ईशावास्यमिदं सर्वं यत्किंच जगत्यां जगत्" (ईश, उप. १) ईश्वरेणाधिष्ठानेन मया प्रत्यगात्मना ज्ञाते नेदमखिलं

जगद्विवर्तरूपमाच्छादनीयं नामरूपत्यागेनात्मभावनया निरात्मकं भवति। किरणैर्ज्ञातै-मृगजलमिव किरणभावनया भासमानं पूरतरङ्गादिनामरूपत्यागेनेति। पुनश्च-

"तदेजति तन्नैजति तद्दूरे तद्वन्तिके।
तदन्तरस्य सर्वस्य तदु सर्वस्यास्य बाह्यतः।"

(ईशा. उप. ५)

दूरस्थं समीपस्थं स्थावरजङ्गमं सर्वं भासमानमधिष्ठानब्रह्मरूपं सर्वस्यान्तर्बहिश्च ब्रह्मैवेति। तथा "यस्मिन्सर्वाणि भूतान्यात्मैवाभूद्विजानतः।" (ईशा. उप. ७) अत्र सर्वभूतानां स्वात्मव्यतिरिक्तत्वाभावेन सर्वात्मत्वमेव प्रतिपादितम्। किं च सवितुः सूर्यस्य मण्डले प्रकाशके बिम्बे पूरुषः पुरिशयनादन्तर्याम्यहं प्रत्यगात्मब्रह्मरूपोऽस्मि-"योऽसावादित्ये पुरुषः सोऽसावहम्" (ईशा, उप. १७) **गीतायां** च-"यदादित्यगतं तेजो जगद्भासयतेऽखिलम्।" "यच्चन्द्रमसि यच्चाग्नौ तत्तेजो विद्धि मामकम्।।" (१५.१२) इति। इत्थं पूर्वोक्तप्रकारेण गुरुवरकरुणापाङ्गतो गुरुवरस्य श्रीसद्गुरोः करुणा कृपा तद्युक्तोऽपाङ्गो दृक्पातः। ततस्तेन सार्वविभक्तिकस्तसिः। यस्य पुरुषस्य प्रबोधोऽपरोक्षसाक्षात्कारोऽस्ति। तस्य फलं तस्य पुरुषस्य तृष्णा संदेहो मोहशोकौ भयजननजरामृत्यवो नैव सन्ति। तृष्णा विषयगृद्धिर्नैव। स्वातिरिक्तस्य विषयस्याभावात्। 'मा गृधः कस्यस्विद्धनम्' (ईशा. उप. १) इत्युक्तत्वात्। संदेह उभयकोटिकं ज्ञानं, न। द्वैताभावात् तदुक्तं-'ततो न विचिकित्सते(ति)' (ईशा. उप. ६) इति। शोकमोहौ विक्षेपावरणरूपौ न स्तः। अविद्यया नष्टत्वान्। उक्तं च-'तत्र को मोहः कः शोक एकत्वमनुपश्यतः' (ईशा. उप. ७) इति। अत एव द्वितीयत्वाभावाद्भयं भीतिर्नास्ति। 'द्वितीयाद्वै भयं भवति' (बृ. उ. १. ४. २) इति। जननं जन्मजरारोगादिजन्यं कार्श्यं मृत्युर्मरणम्। एते देहधर्मा नैव सन्ति। 'अकायम-व्रणमस्नाविरम्' (ईशा. उप. ८) इति ब्रह्मणो देहद्वयाभावोक्तेः। ब्रह्मविदो ब्रह्मरूपत्वात्। सत्यत्वमेकत्वं स्वप्रकाशत्वं च स्वस्यानुभवतो द्वैतजन्यदोषसंपर्काभावान्निर्विकारत्वं सहजसिद्धमिति भावः।।२।।

स्वान्तः प्राणाक्षिवाणीप्रभृति च विषयाभासकं यस्य योगाद्
यन्न प्राप्नोति चैतद्विदितमविदितं यद्भवेन्नात्मरूपम्।
इन्द्राद्या देवमुख्या अपि किल न विदुर्यस्य शक्तिं निगूढां
तद्बुद्धं येन सोऽसौ भवति नरवरोऽनन्तसौख्यप्रतिष्ठः॥२॥

अथ **केनोपनिषद्रहस्यमाह**-स्वान्तःप्राणाक्षिवाणीप्रभृति स्वान्तं मनः पञ्चप्रवृत्तिर्वायुश्च। अक्षि नेत्रं वाणी वाक्। उभयं प्रभृत्यादिभूतं यस्य तत् चक्षुरादिज्ञाने-न्द्रियपञ्चकं च यस्यात्मरूपस्य योगात्संबन्धात्। विषयाभासकं स्वस्वविषयोद्बोधकं

भवति। मनसः संकल्पो, वायोः प्राणनादि, चक्षुरादीनां रूपग्राहकत्वं, वागादीनामुक्त्यादिक्रिया च यत्संबन्धितया भवति। 'श्रोत्रस्य श्रोत्रं मनसो मनो यद्वाचो ह वाचं स उ प्राणस्य प्राणश्च चक्षुषश्चक्षुः' (केन. उप. १.२) इति। श्रोत्रस्य शब्दग्राहकत्वं, मनसः संकल्पाध्यवसायसामर्थ्यं, वाचः शब्दोच्चरणं, प्राणस्य प्राणनशक्तिः, चक्षुषः रूपावभासकत्वं, ब्रह्मचैतन्याश्रयेणेति भावः। 'येन वागभ्युद्यते', 'येनाहुर्मनो मतं', 'येन चक्षूंषि पश्यति', 'येन श्रोत्रमिदं श्रुतं', 'येन प्राणः प्रणीयते', 'तदेव ब्रह्म त्वं विद्धि' (केन. उप. १.४.८) इति च। वागिति कर्मेन्द्रियाणामुपलक्षणम्। चक्षुः श्रोत्रमिति ज्ञानेन्द्रियाणां सर्वस्यैव करणगणस्य यदर्थप्रयुक्ता प्रवृत्तिस्तद्ब्रह्मेति तात्पर्यम्। एतच्च स्वान्तादिकरणवृन्दं तु यदात्मरूपं न प्राप्नोति, न विषयीकरोति–'न तत्र चक्षुर्गच्छति, न वागगच्छति, नो मन' (केन, उप. १.३) इति। 'यद्वाचानभ्युदितं' 'यन्मनसा न मनुते' 'यच्चक्षुषा न पश्यति' 'यच्छ्रोत्रेण न शृणोति,' 'यत्प्राणेन न प्राणिति' (केन. उप. १.४.८) इति च करणसमुदायस्यागोचरमित्यभिप्रायः। यदात्मरूपं मनस इन्द्रियाणां चागोचरत्वाद्विदितं ज्ञातं न भवेत्, यदविदितं तज्जानामीतीच्छा जायते। आत्मरूपस्य तु त्विदं प्रत्ययागोचरत्वे सत्यहं प्रत्ययगोचरत्वात्प्रत्यक्त्वेन जिज्ञासा नोत्पद्यते। अतोऽविदितं च न भवति। 'अन्यदेव तद्विदितादथो अविदितादधि' (केन. उप. १.३) इत्युक्तत्वात्। इन्द्राद्या इन्द्रप्रमुखा देवमुख्याः सुरश्रेष्ठा अपि यस्य निगूढां नितरां गूढां गुप्तामविज्ञेयां शक्तिं सामर्थ्यं न विदुः। किल प्रसिद्धमितिहासेषु। अत्रेयमेतदुपनिषदुक्ताख्यायिका। ब्रह्म सामर्थ्येन धर्मविरोधिनोऽसुरान्पराभूय देवेभ्यो जयं दत्तवत्। देवास्तदविज्ञायास्माकमेवायं महिमेत्यभिमानिनो बभूवुः। तेषामभिप्रायं विदित्वा ब्रह्म तेषां दृष्टिपथे तेजोरूपं प्रादुर्बभूव। तत्किमित्यज्ञात्वा देवाश्चकिताः सन्तस्तज्जिज्ञासायाग्निं प्रेषयायासुः। स तत्समीपे गतः। ब्रह्मणा कस्त्वं किं ते सामर्थ्यमिति पृष्टोऽग्निरहं सकलदाहनशक्तिर्ममेत्युवाच। ब्रह्मणा तृणेऽग्रतः स्थापिते तद्दग्धुमशक्तो व्रीडितः सन् तदविज्ञाय देवान्प्रत्याजगाम। एकमेव वायुर्गत्वा तेन पृष्टो वायुरहं सकलादानशक्तिर्मे इत्युक्त्वा तेनाग्रे स्थापिततृणमादातुमशक्तस्तथैव प्रत्याययौ। तत इन्द्रं प्रेरयामासुः। स यावत्समीपे गच्छति, तावत्तत्तिरोभूतम्। स तस्मिन्नेव प्रदेशे तज्जिज्ञासया तस्थौ। तत्कृपया विद्यात्मिका तच्छक्तिः स्त्रीरूपधारिणी तद्दृष्टिपथे प्रादुर्बभूव। तमिन्द्रोऽपृच्छत्–अस्मद्दृष्टिपथे प्रादुर्भूय तिरोहितं किमेतदिति। तं विद्या प्रोवाच। ब्रह्मेदमेतन्महिम्नैव भवतां विजय इति। तत इन्द्रेण ज्ञातम्। तज्ज्ञानादेवेन्द्रस्य सुरश्रेष्ठत्वमिति। तद्ब्रह्म येन पुरुषेण बुद्धं साक्षात्कृतं सोऽसौ दुर्लभो नरवरः पुरुषश्रेष्ठोऽनन्तेऽपरिमिते सौख्ये सहजनिजानन्दे प्रतिष्ठा स्थितिर्यस्य एवंभूतो भवति। 'अपहत्य पाप्मानमनन्ते स्वर्गे लोके ज्येये प्रतितिष्ठति प्रतितिष्ठति' (केन. उप. ४.९) इत्युक्तत्वात्। पाप्मानमविद्याकामकर्मलक्षणं संसारबीजमपहत्य विधूयानन्तेऽपरिमिते स्वर्गे सुखात्मके

लोक आत्मनि ज्येये सर्वश्रेष्ठे प्रतितिष्ठति प्रतिष्ठां प्राप्नोति। न पुनः संसारदुःखमापद्यत इत्यर्थः। ब्रह्मापरोक्षत्वं विना निरतिशयानन्दप्राप्तिर्नेति व्यङ्ग्यम्।।३।।श्रीः।।

सूक्ष्मात्सूक्ष्मो महीयान्महत उत धिया साधनैर्यो न लभ्यो
बुद्धिस्थो योऽशरीरो रविविधुदहना यस्य भासा विभान्ति।
षड्भिर्भावस्वभावै रहित उपसदास्तीतिरूपेण वेद्य-
स्तं साक्षात्कृत्य धीरो गुरुवचनबलाज्जायते नित्यशान्तः।।४।।

अथ **कठवल्ल्युपनिषद्र**हस्यमाह-य आत्मा सूक्ष्मादणुपरिमाणाद् बालाग्रादेरपि सूक्ष्मोऽणीयान्। महतो महत्परिमाणादाकाशादेरपि महीयान्महत्तरः। तदुक्तं-'अणोरणीयान्महतो महीयान्' (कठ. उप. १.२.२०) इति। धिया कुशाग्रबुद्ध्या साधनैः प्रवचनादिभिरुतापि यो न लभ्योऽप्राप्यः। 'नायमात्मा प्रवचनेन लभ्यो न मेधया न बहुना श्रुतेन' (कठ. उप. १.२.२३) इत्युक्तत्वात्। प्रवचनेनोपनिषदादिपठनेन बहुना श्रुतेनानेकशास्त्राध्ययनेनेत्यर्थः। तर्हि दूरस्थः स्यान्नेत्यत आह-बुद्धिस्थो बुद्धौ हृदये स्थितोऽन्तरात्मा। 'आत्मास्य जन्तोर्निहितो गुहायाम्' (कठ. उप. १. २.२०) इत्युक्तेः। जन्तोः प्राणिनः। गुहायां बुद्धौ निहितः प्रविष्ट इत्यर्थः। अशरीरो देहद्वयशून्यः। यदुक्तम्-'अशरीरं शरीरेष्वनवस्थेष्ववस्थितम् (कठ. उप. १.२. २२) इति। अनवस्थेष्वनित्येषु शरीरेषु देवतिर्यगादिष्वशरीरं शरीरद्वयरहितमवस्थितं नित्यतयाविकृतरूपेण स्थितमित्यर्थः। रविविधुदहना सूर्यचन्द्राग्नयः। यस्यात्मनो भासा दीप्त्या विभान्ति। पदार्थप्रकाशका भवन्ति। तदुक्तं-'तमेव भान्तमनुभाति सर्वं, तस्य भासा सर्वमिदं विभाति (कठ. उप. २.२.१५)। भान्तं दीप्यमानं तं परमेश्वरमेवानुसृत्य सर्वं सूर्यादि विभाति दीप्यते। यथा जलोल्मुकाद्यग्निसंयोगादग्निं दहन्तमनुदहति। तद्वत्। शेषं स्पष्टम्। अशरीरत्वादेव षड्भिः षट्संख्याकैर्भावस्व-भावैर्भावानां पदार्थानां स्वभावैर्जायतेऽस्ति वर्धते विपरिणमतेऽपक्षीयते विनश्यतीति विकारै रहितो वियुक्तः। उक्तं च-"न जायते म्रियते वा विपश्चिन्नायं कुतश्चिन्न बभूव कश्चित्। अजो नित्यः शाश्वतोऽयं पुराणो न हन्यते हन्यमाने शरीरे।।" (कठ. उप. १.२.१९)। न जायते म्रियते वेत्यनेनाद्यन्तयोर्विकारयोः प्रतिषेधः। विपश्चिदपरिप्लुतस्वभावः। कुतश्चित्कारणान्न बभूव नोत्पन्नः। सर्वस्यादिभूतत्वाद-स्माच्चान्यः कश्चिन्न बभूव। सर्वस्यापि विवर्तत्वेन स्वतः सत्वात्। अजो यो हि जायते, स जन्मान्तरमस्तित्वं भजते। अनेन द्वितीयविकारप्रतिषेधः। नित्योऽ-विचलितस्वभावः। अनेन चतुर्थविकारप्रतिषेधः। शाश्वतः शश्वद्भवः। सर्वदैकरूपः। अनेन पञ्चमविकारप्रतिषेधः। पुराणः पुरापि नव एव न त्ववयवोपचयद्वारेणाभिनिर्वर्त्यते। अनेन तुरीयविकारप्रतिषेधः। शरीरे शस्त्रादिभिश्छेद्यमाने सत्यत एव न हिंस्यत इत्यर्थः। **गीतायां** च-

न जायते म्रियते वा कदाचिन्नायं भूत्वा भविता वा न भूयः।
अजो नित्यः शाश्वतोऽयं पुराणो न हन्यते हन्यमाने शरीरे॥

(भ.गी. २.२०)

कदाचित् कल्पादौ न जायते। कल्पान्तेऽपि न म्रियते। भूत्वोत्पद्यमानो भवितास्तित्वाश्रयो न। किं तु प्रागेव स्वतः सद्रूपः। अत्रैवाज इति हेतुत्वेन योज्यम्। शेषमुक्तार्थम्। उप समीपे हृदय एव सदावस्थात्रयेऽस्तीति रूपेण विद्यमानत्वेन वेद्यो ज्ञेयः। एकस्यैवावस्थात्रयानुभवितृत्वादस्तित्वं सिद्धम्। तदुक्तम्–'अस्तीत्येवोपलब्धव्यः' (कठ. उप. २.३.१३) इति। अन्यथा तदधिगमानुपपत्तेः। बुद्ध्यादीनामविषयत्वात्। 'नैव वाचा न मनसा प्राप्तुं शक्यो, न चक्षुषा' (कठ. उप. २.३.१२) इत्युक्तेः। अथवोपसदोपसदनमुपसत्संपदादित्वाद्भावे क्विप्। गुरूपसत्त्येत्यर्थः। गुरुवचनबलाद्गुरुवचनसामर्थ्येन। हेत्वर्थे पञ्चमी। तत्पूर्वोक्तमात्मानं साक्षात्कृत्यापरोक्षत्वेनाहमित्यनुभूय। उक्तं च–'न नरेणावरेणावरप्रोक्त एष सुविज्ञेयो बहुधा चिन्त्यमानः। अनन्यप्रोक्ते गतिरत्र नास्ति' (कठ. उप. १.२.८) इति। अवरेण हीनेन प्राकृतबुद्धिना प्रोक्त एष आत्मा बहुधानेकप्रकारेण नानामतस्थैश्चिन्त्यमान अत एव नरेण सुविज्ञेयो न भवति। कथं तर्हि ज्ञेयः। अनन्येनापृथग्दर्शिना ब्रह्मात्मभूतेनाचार्येण प्रोक्ते सत्यध्यात्मनि विषयेऽवबोधो भवत्येवेत्यर्थः। धीरो द्वन्द्वानभिभूतः। अत एव नित्यशान्तोऽनवरतसहजशान्तियुक्तो जायते संपद्यते। 'तमात्मस्थं येऽनुपश्यन्ति धीरास्तेषां शान्तिः शाश्वती नेतरेषाम्' (कठ. उप. २.२.१३) इत्युक्तत्वात्। बुद्धिस्थमात्मानं ये साक्षात्कुर्वन्ति तेषां शान्तिर्नित्या भवतीत्यर्थः। आत्मसाक्षात्कारवतः सहजनित्यशान्तत्वमनायाससिद्धमित्यभिप्रायः॥४॥

जायन्ते विस्फुलिङ्गा अनलत इह यद्वत्प्रदीप्तात्सरूपा-
स्तद्वत्सर्वेऽपि भावा खलु यत उदिता यान्ति यस्मिँल्लयं ते।
अप्राणः सर्वविद्यः प्रणववरधनुः स्वात्मबाणैकलक्ष्य-
स्तं जानन्नात्मरूपे त्यजति स भवति ब्रह्मरूपो विशोकः॥५॥

अथ **मुण्डकोपनिषद्र**हस्यमाह–जायन्त इति–प्रदीप्तात्समिद्धादनलतो वह्नेः सकाशात्सरूपाः समानरूपाः प्रकाशात्मका विस्फुलिङ्गा अग्निकणा यद्वद्यथा जायन्त उत्पद्यन्ते, तद्वत्तथा सर्वेऽपि सरूपाश्चैतन्यात्मका जीवा विरूपाश्च जडा देहादयो भावाः पदार्थाः। खलु निश्चयेन यतोऽक्षरात्परमात्मनः सकाशादुदिता उत्पन्नाः सुवर्णात्कटकादिवद् भिन्ना इव भासन्ते। यस्मिन्परमात्मन्यन्ते लयं यान्ति। प्राप्नुवन्ति। सुवर्णे कारणे कटकादिकार्यमिव। तदुक्तं–

"यथा सुदीप्तात्पावकाद्विस्फुलिङ्गाः सहस्रशः प्रभवन्ते सरूपाः।
तथाक्षराद्विविधाः सौम्य भावाः प्रजायन्ते तत्र चैवापि यान्ति।।"
(मुण्ड. उप. २.१.१) इति।

"यथोर्णनाभिः सृजते गृह्णते च यथा पृथिव्यामोषधयः संभवन्ति।
यथा सतः पुरुषात्केशलोमानि तथाक्षरात्संभवतीह विश्वम्।।
(मुण्ड. उप. १.१.७)

इति च। ऊर्णनाभिर्लूताकीटः। किंचिदपि कारणान्तरमनपेक्ष्य स्वयमेव सृजते। स्वशरीराव्यतिरिक्तान् तन्तून् बहिः प्रसारयति। कारणान्तरमनपेक्ष्योत्पादकत्वे दृष्टान्तो यथा पृथिव्यामिति। सरूपोत्पत्तौ सतः जीवतः पुरुषात्केशलोमानीति तु विरूपोत्पत्तौ। यथा दृष्टान्तत्रयवदक्षराद्ब्रह्मणः विश्वं संभवति समुत्पद्यत इत्यर्थः। यः परमात्मा प्राणः। प्राणः पश्चाद्वृत्तिर्वायुः। स यस्य नास्ति। प्राणस्याप्यात्मकार्यत्वात्। इदं मनसोऽप्युपलक्षणम्। तस्यापि तत्कार्यत्वात्। उक्तं च-'अप्राणो ह्यमनाः शुभ्रः' (मुण्ड. उप. २.१.२) इति। शुभ्र उपाधिरहितः। तथा 'एतस्माज्जायते प्राणो मनः सर्वेन्द्रियाणि च' (मुण्ड. उप. २.१.३) इति। प्राणादेरुत्पत्तेः प्रागविद्यमानत्वेन तत्कारणपरमात्मनस्तद्वत्त्वं न संभवतीत्यर्थः। यः सर्ववित्सर्वं समष्टिव्यष्टिरूपेण वेत्तीति। उक्तं च-'यः सर्वज्ञः सर्ववित्' (मुण्ड उप. २.२.७) इति। सामान्यरूपेण सर्वं जानाति। विशेषरूपेण सर्वं वेत्तीत्यर्थः। यः प्रणववरधनुः स्वात्मबाणैकलक्ष्यः। प्रणव ओँकार एव वरं श्रेष्ठं धनुः। लक्ष्ये शरस्य प्रवेशसाधनम्। स्वात्मा प्रत्यगात्मैव बाणः प्रवेशनीयः। तयोरेको लक्ष्यो वेध्यः। 'प्रणवो धनुः शरो ह्यात्मा ब्रह्म तल्लक्ष्यमुच्यते' (मुण्ड. उप. २.२.४) इति।। तं जानन् 'अप्रमत्तेन वेद्धव्यं शरवत्तन्मयो भवेत्' (मुण्ड. उप. २.२.४) इत्युक्तत्वात्। सावधानतया प्रणवोपासनया प्रत्यगात्मनो ब्रह्मणा परमात्मना ऐक्यमापद्य सोऽहमित्यनुभवन् नामरूपे नामाभिधानं रूपमाकृतिः। उभयमप्यविद्याकृतं त्यजत्युभयस्माद् विमुक्तोऽहमित्यात्मनोऽनिर्वाच्यत्वमनिर्देश्यत्वं च निश्चिनोति। स एवं विद्वान् पुरुषो ब्रह्मरूपो ब्रह्मात्मकः। अत एव विशोको द्वैतदुःखरहितो भवति। 'तथा विद्वान्नामरूपाद्विमुक्तः परात्परं पुरुषमुपैति दिव्यम्।' 'स यो ह वै तत् परमं ब्रह्म वेद ब्रह्मैव भवति'....'तरति शोकम्' (मुण्ड. ३.२. ८-९) इत्युक्तत्वात्। ब्रह्मत्वं विना विशोकत्वं न भवतीति रहस्यम्।।५।।

प्राणः श्रद्धा खवायुज्वलनजलधरा इन्द्रियं मानसं च
भक्तं वीर्यं तपश्चाथ सकलनिगमाः कर्मलोकाश्च नाम।
यस्माज्जाताश्च यस्मिन्विलयमुपगताः षोडशैताः कला यः
सर्वेषां संप्रतिष्ठा खलु तदधिगमाज्जायते वीतमृत्युः।।६।।

अथ **प्रश्नोपनिषद्र**हस्यमाह-प्राण इति। **प्रश्नोपनिषदो** मन्त्रात्मक**मुण्डकोप**निषद्विस्तरानुवादित्वात्तत्रानुक्तं विषयं संगृह्णाति। प्राण इति-प्राणो हिरण्यगर्भः सकलप्राणिकरणाधारः। श्रद्धाखिलप्राणिनां कर्मप्रवृत्तिहेतुभूता। खमाकाशं शब्दैकगुणम्। वायुः स्वकारणगुणेन शब्देन सह स्वीयासाधारणस्पर्शवान् द्विगुणः। ज्वलनस्तेजः स्वकारणगुणाभ्यां शब्दस्पर्शाभ्यां सह स्वकीयासाधारणरूपवत्त्रिगुणम्। जलं स्वकारणगुणैः शब्दस्पर्शरूपैः सह निजासाधारणरसगुणवच्चतुर्गुणम्। धरा पृथ्वी स्वकीयगुणैः शब्दस्पर्शरूपरसैः सहात्मीयासाधारणगन्धगुणवती पञ्चगुणा। इमानि पञ्चमहाभूतान्याकाशादीनि कर्मफलोपभोगसाधनानि। इन्द्रियं द्विप्रकारमिन्द्रियजातं ज्ञानेन्द्रियपञ्चकं कर्मेन्द्रियपञ्चकं चेति। इन्द्रियमिति जात्यभिप्रायेणैकवचनम्। मानसं द्विविधेन्द्रियप्रेरकमन्तःकरणम्। भक्तमन्नं प्राणिस्थित्यर्थं व्रीहियवादिलक्षणम्। वीर्यमन्नोपभोगजन्यं सर्वकर्मसाधनं सामर्थ्यम्। तपश्च मलवतां विशुद्धिसाधनम्। अथ तपोविशुद्धान्तःकरणानां कर्मसाधनभूताः सकलनिगमा ऋग्यजुःसामाथर्वाङ्गिरसः। कर्म निगमप्रतिपाद्यमग्निहोत्रादिलक्षणम्। लोकाः कर्मसाध्यफलभूताः। नाम च तेषु सृष्टानां प्राणिनां नाम देवदत्तो यज्ञदत्त इत्यादि। एतदात्मक एव सकलसंसारः। एताः षोडशकला अवयवाः कला इव कला यस्मादात्मनो जाता मध्याह्ने किरणेभ्यो मृगजलपूर इवात्मनः। यस्मिन्नात्मनि सायाह्ने किरणेषु मृगजलपूर इवान्ते विलयमुपगताः। स्थितिसमयेऽपि य आत्मा सर्वेषां पूर्वोक्तानां सकलपदार्थानां मृगजलपूरस्य किरणा इव संप्रतिष्ठा सम्यक्प्रतिष्ठन्तेऽस्यामिति संप्रतिष्ठा। साभासाधिष्ठानमनेन स्थित्युत्पत्तिप्रलयहेतुत्वं सूचितम्। तदधिगमात्तस्यात्मनोऽधिगमात् सोऽहमित्यपरोक्षानुभवात्। वीतमृत्युर्मरणरहितः। खलु निश्चयेन जायते। यदुक्तं-"प्राणमसृजत। प्राणाच्छ्रद्धां खं वायुर्ज्योतिरापः पृथिवीन्द्रियं मनोऽन्नमन्नाद्वीर्यं तपो मन्त्राः कर्मलोका लोकेषु च नाम च" (प्रश्न. उप. ६.४)। "अरा इव रथनाभौ कला यस्मिन् प्रतिष्ठिताः। तं वेद्यं पुरुषं वेद यथा मा वो मृत्युः परिव्यथा" (प्रश्न. उप. ६.६) इति च। रथचक्रस्याक्षप्रवेशयोग्ये सच्छिद्रे काष्ठे तिर्यक्काष्ठविशेषा यथा प्रवेशितास्तदाश्रयाः। तथा यस्मिन्नेकस्मिन् षोडशकलाः स्थित्युत्पत्तिप्रलयकालेषु प्रतिष्ठितास्तदाश्रिताः सन्ति। तं वन्दनीयं पुरुषमात्मानं यथावज्जानीथ। युष्मान्मृत्युर्मा पीडयत्विति भावः। आत्मज्ञानं विनामरत्वं नास्तीत्यर्थः।

जाग्रत्स्वप्नः सुषुप्तिस्त्रितयमपि मतेस्तद्व्यपेक्षस्तुरीयः
सर्वेषां यस्तु साक्षी गुणमलरहितोऽप्यात्तनानाभिधानः।
भूताद्योऽचिन्त्य एकः स सकलजगतः प्रत्यगीशोऽयमात्मा
ब्रह्मोङ्काराधिगम्यं विदितमिति भवेद्वेद स ब्रह्मभूतः॥७॥

अथ **माण्डूक्योपनिषद्र**हस्यमाह-जाग्रदिति-जाग्रज्जागरणमिन्द्रियैर्विषयग्रहणलक्षणम्। स्वप्नो जाग्रद्वासनाजन्यो मानसो विषयप्रत्ययः। सुषुप्तिर्बाह्यान्त-

रिन्द्रियव्यापारशून्या तमोरूपावस्था। त्रितयमिदमवस्थात्रयं मते: (m. gloss चिदाभासस्य) मतिसंबन्धिविकार:। वस्तुतो गुणा: सत्त्वरजस्तमांसि मायायास्त एव मलो दोषस्तेन रहित:। यद्यपि स्वयमसङ्ग:। तथापि तद्व्यपेक्षो गुणत्रय-कल्पितावस्थारूपस्थानत्रयसंख्याव्यपेक्षया तुरीयश्चतुर्थ:। तुश्चार्थे। य: साक्षी द्रष्टा दृश्याद्भिन्नो यथा घटद्रष्टा घटाद्भिन्न:। अत एवात्तनानाभिधान:। आत्तानि स्वीकृतानि मायाकल्पितान्यवस्थासाक्षित्वानुसारीणि नानाभिधानानि क्रमेण विश्वतैजसप्राज्ञेति नामानि येन स:। तदुक्तं-'सोऽयमात्मा चतुष्पात्' (माण्डू. उप.२) इत्यादि। जाग्रत: साक्षी विश्व:, स्वप्नस्य तेजस:, सुषुप्तस्य प्राज्ञ:, तुरीय: परमात्मेति तात्पर्यम्। भूतानां सकलानां हिरण्यगर्भादीनामाद्य: कारणभूत (marg. gloss अधिष्ठानभूत:) एष योनि: सर्वस्येत्युक्तत्वात्। अचिन्त्यो मनसा चिन्तितुमशक्य:। इदमुपलक्षणम्। अव्यपदेशेभ्योऽपि शब्दप्रवृत्तेर्मन:प्रवृत्तिपूर्वकत्वात्। मनोऽविषयत्वादेव शब्दाविषयत्वमनिर्वाच्य इत्यर्थ:। तदुक्तम्-'अचिन्त्यमव्यपदेश्यम्' (माण्डू. उप. ७) इति। एक: परस्परविलक्षणास्ववस्थास्वेकरूप:। उक्तं च 'एकात्मप्रत्ययसारम्' (माण्डू. उप. ७) इति। जाग्रदादिस्थानेष्वेकोऽयमात्मेति य: प्रत्ययस्तेनानुसारिणीय-मित्यर्थ:। सकलजगत: सकलप्राणिजातस्य प्रत्यगीश: प्रत्यक् चासावीशश्च। प्रत्यगहमिति गोचर:। ईशो नियन्ता च सोऽयं च प्रत्यक्त्वेनानुभूयमान आत्मैव। 'ॐकाराधिगम्यम्' 'एतदालम्बनं श्रेष्ठमेतदालम्बनं परम्। एतदालम्बनं ज्ञात्वा ब्रह्मलोके महीयते।' इति **काठके** (कठ. उप. १.२.१७) उक्तत्वात्। ॐकारस्य ब्रह्मवाचकत्वेन ॐकारेण ॐकारोपासनया ॐकारावयवभूताकारोकारमकारवाच्यानां विश्वतैजस-प्राज्ञानां पूर्वपूर्वस्योत्तरोत्तरस्मिन् प्रविलापनेनात्मनि पर्यवसानेन तद्रूपत्वेनाधिगम्यं ज्ञेयं ब्रह्म इति। एवं ब्रह्मैक्यं येन पुरुषेण विदितं ब्रह्मैवाहमिति साक्षात्कृतं स नरो ब्रह्मभूतो ब्रह्मरूपो भवेत्। उक्तं च-'संविशत्यात्मनात्मानं य एवं वेद' (माण्डू. उप. १२) इति। य एवं पूर्वोक्तप्रकारेण पर्यवसितं ब्रह्म वेद स आत्मना त्यक्तोपाधिना स्वरूपेणात्मानं परमात्मानं सम्यग्विशति प्रविशति। तदैक्यमाप्नोतीत्यर्थ:। अभेदोपासनां विना ब्रह्मभावो नास्तीति सिद्धान्त:।।७।।

स्पृष्ट्वाकाशादिदेहावधिसकलमिदं तत्प्रविश्यान्तरस्थो
य: सर्वेषामधीशो नियमयति सदानन्दचिद्रूप एक:।
अन्नादीन्पञ्चकोशान्निजगुरुवचसा संविविच्यात्मभूतं
तं विद्वान्नित्यतृप्त: किल भयरहितो वर्तते सर्वभूत:।।८।।

अथ **तैत्तिरीयोपनिषद्र**हस्यमाह-सृष्ट्वेति-य: परमात्मा सदानन्दचिद्रूप: सत् सत्यमानन्द: सुखं चिज्ज्ञानमेतानि रूपाणि लक्षणानि यस्य स: सद्रूप आनन्दरूपश्चिद्रूप एकोऽद्वितीय: सर्वाधिष्ठानम्। न च देश: कालो वस्तु वा तदतिरिक्तं किंचिदस्ति।

अनेनानन्त इति बोध्यते। 'सत्यं ज्ञानमनन्तं ब्रह्म' (तैत्ति. उप. २.१) इति। 'को ह्येवान्यात्कः प्राण्याद्यदेष आकाश आनन्दो न स्यात्' (तैत्ति. उप. २.७) इति च। यद्यद्याकाशे हार्दाकाश एष आनन्द आत्मरूपो न स्यान्न भवेत्। तर्हि प्राणापानचेष्टां कः कुर्यात्। आकाशाद्याकाशो गगनमादिर्यस्य तद्देहोऽवधिरन्तो यस्य तत्सकलं चराचरात्मकमिदं जगत्सृष्ट्वोत्पाद्य-"तस्माद्वा एतस्मादात्मन आकाशः संभूतः। आकाशाद्वायुर्वायोरग्निरग्नेरापोऽद्भ्यः पृथिवी पृथिव्या ओषधय ओषधीभ्योऽन्न-मन्नात्पुरुषः" (तैत्ति. उप. २.१) इति। सर्वेषां देहानां समत्वेऽपि ज्ञानकर्मणोरधिकृतत्वेन प्राधान्यात्पुरुष एव गृहीतः। सर्वेषां ब्रह्मादीनामुत्पन्नानामधीशः प्रभुर्यस्तद्विश्वं प्रविश्यान्तरे गुहायां बुद्धौ प्रकाशत्वेन स्थितः। अन्तर्यामी सन्नन्तःप्राणान्बहिश्च वाय्वादीन्नियमति व्यवस्थया वर्तयति। तदुक्तं-"तत्सृष्ट्वा तदेवानुप्राविशत्" (तैत्ति.उप. २.६) इति। "यो वेद निहितं गुहायां परमे व्योमन्" (तैत्ति. उप. २.१) इति च। "भीषास्माद्वातः पवते भीषोदेति सूर्यः। भीषास्मादग्निश्चेन्द्रश्च मृत्युर्धावति पञ्चमः।" (तैत्ति. उप. २.८) इति च। भीषा भयेनेत्यर्थः।

निजगुरुवचसा स्वस्य गुरुर्मोक्षदस्तद्वचनेन वरुणवचनेन भृगुवदन्नादीन्नन्नमय-प्राणमयमनोमयविज्ञानमयानन्दमयनामकान् पञ्चपञ्चसंख्याकान् कोशान् कोशवन्निज-रूपावरकान्संविविच्य सम्यग्विचार्य, नाहमन्नमयो देहः कार्यत्वात्, नाहं प्राणमयो वायुर्जडत्वात्, नाहं मनोमयः कामक्रोधादिविकारत्वात्, नाहं विज्ञानमयो विलयाद्यवस्थावत्वान्, नाहमानन्दमयः सुषुप्तिकालिकत्वेन कादाचित्कत्वादिति विवेकेन पृथक्कृत्य, तं परमात्मानमात्मभूतं प्रत्यग्रूपं विद्वान् परमात्माहमिति जानन्पुरुषः परमात्मनो ब्रह्मणः सकलजगदधिष्ठानत्वेन तद्व्यतिरिक्तस्य पदार्थस्याभावात्तद्रूपत्वेन सर्वभूतः सकलात्मक अत एव नित्यतृप्तोऽवाप्यविषयाभावादवाप्तकामो द्वितीयाभावाद्भयरहितः सन् वर्तते तिष्ठति। उक्तं च-"एतमन्नमयमात्मानमुपसंक्रम्य, एतं प्राणमयमात्मानमुपसंक्रम्य, एतं मनोमयमात्मानमुपसंक्रम्य, एतं विज्ञानमय-मात्मानमुपक्रम्य, एतमानन्दमयमात्मनमुपसंक्रम्य, इमाल्लोकान्कामान्नी कामरूप्यमनु-संचरन्नेतत्सामगायन्नास्ते हा ३ उ हा ३ हा उ ३। अहमन्नमहमन्नमहमन्नम्। अहमन्नादो३ऽहमन्नादो३ऽहमन्नादः। अह ँश्लोककृदह ँ श्लोककृदह ँ श्लोककृत्। अहमस्मि प्रथमजा ऋता३स्य। पूर्वं देवेभ्योऽमृतस्य ना३माई (भायि)" (तैत्ति. उप. ३.१०.५-६)। पूर्वोक्तक्रमेण पञ्चकोशानविद्याकल्पितताननात्मत्वेन विज्ञाय त्यक्त्वा निर्विकल्पमात्मानमनुभूय सार्ववर्णिकभैक्ष्यमाचरन् चेच्छावेशधार्यनेक-भूतप्रदेशान् पर्यटन्नात्मैकत्वविज्ञानफलं सर्वात्मत्वं लोकानुग्रहार्थं प्रख्यापयन्नाश्चर्यबोधकं हा३शब्दमुच्चार्य अहमन्नमहमन्नादश्च सैन्यसंघातकर्ता राजाथवा काव्यादिप्रबन्धकर्ता च मूर्तामूर्तात्मकस्य जगतः प्रथमजो हिरण्यगर्भश्च देवेभ्यः पूर्वं विद्यमानः। यदङ्गेभ्यो देवा उत्पन्नाः स विराट् च प्राणिनाममृतत्वस्याश्रयश्चाहमिति सर्वात्मबोधकान्

छन्दानुच्चारयन्तिष्ठतीति तात्पर्यम्। सर्वत्र त्रिरुक्तिर्विस्मयख्यापनार्था। 'रस ँ ह्येवायं लब्ध्वानन्दी भवति' (तैत्ति. उप. २.७) इति च। रसं ब्रह्मरूपं लब्ध्वा प्राप्यानुभूय, सहजनिरतिशयानन्दवान् भवति। ब्रह्मानन्दे सर्वानन्दानामन्तर्भावाद्विषयजन्यसुखेच्छाया अभावान्नित्यतृप्त इत्यभिप्रायः। 'आनन्दं ब्रह्मणो विद्वान्न बिभेति कुतश्चन' (तैत्ति. उप. २.९) इति चोक्तम्। आत्मज्ञानेनैव भयनिवृत्तिरित्याकूतम्॥८॥

यो लोकाँल्लोकपालान्सकलमपि पुरा भोग्यजातं हि तेषां
सृष्ट्वान्तः संप्रविश्य स्थिरचरमखिलं प्रेरयत्यान्तरः सः।
दृष्ट्वा नात्रेषदन्यत्सकलजगदधिष्ठानरूपोऽहमेकः।
प्रज्ञानं ब्रह्म येनाधिगतमिति स नावाप्तकामोऽमृतः स्यात्॥९॥

अथ **ऐतरेयोपनिषद्**रहस्यमाह। य इति-यः परमात्मा पुरा पूर्वं लोकान् भूरादीन् लोकपालानग्न्यादीन् तेषामग्न्यादीनां सकलं भोग्यजातं च स्थितिकारण-भूतान् भोग्यपदार्थानपिश्चार्थे सृष्ट्वोत्पाद्य-'आत्मा वा' इत्युपक्रम्य 'स ईक्षत लोकान्नु सृजा' इति। 'स इमाँल्लोकानसृजत' (ऐ. उप. १.१-२) इति। स आत्मा लोकानुत्पादय इति विचार्य द्युलोकादीनुत्पादितवान्। अनन्तरं 'स ईक्षतेमे नु लोकान् लोकपालान्नु सृजा इति। सोऽद्भ्य एव पुरुषं समुद्धृत्यामूर्छयत्' (ऐ. उप. १.३) इति। इमे लोका मया सृष्टा पालयितृवर्जितानभ्येयुरिति विचार्य पञ्चमहाभूतेभ्य उद्धृत्य पुरुषाकारं पिण्डमकरोत् स विराट्। तदङ्गेभ्यस्तदिच्छयाग्न्यादीनामुत्पत्तिरिति भावः। पुनश्च "स ईक्षतेमे नु लोकाश्च लोकापालाश्चान्नमेभ्यः सृजा" (ऐ. उप. ३. १) इति। 'सोऽपोऽभ्यपतत्ताभ्योऽभितप्ताभ्यो मूर्तिरजायत। या वै सा मूर्तिरजायतान्नं वै तत्' (ऐ. उप. ३.२) इति। लोकपालानां सृष्टानामन्नं विना स्थितिर्न स्यादित्यन्नमुत्पादयेति। तदिच्छयैव पञ्चमहाभूतेभ्यः शरीरधारणसमर्थं भोग्यजातमभूदिति तात्पर्यम्। अन्तः पूर्वोक्तसंघातमध्ये मूर्धद्वारेण संप्रविश्य प्रवेशं कृत्वा स्थिरं चरं स्थावरजङ्गमात्मकमखिलं भूतजातं प्रेरयति। स्वभावानुसारेण वर्तयति। तदुक्तं-'स ईक्षत कथं न्विदं मदृते स्यात्' (ऐ. उप. ३.११) इति। नियामकं मां विनेदं करणजातं स्वव्यापारे कथं नियतं वर्तेत इति विचारितवान्। अनन्तरं "स ईक्षत। कतरेण प्रपद्या" (ऐ. उप. ३.११) इति। "स एतमेव सीमानं विदार्यैतया द्वारा प्रापद्यत" (ऐ. उप. ३.१२) इति। प्रवेशद्वारद्वयं मूर्धा प्रपदं च। तयोर्मध्ये केन द्वारेण मया प्रवेशः कर्त्तव्य इति विचार्य स्वभृत्यस्थानीयस्य क्रियाशक्तिमतः प्रवेशमार्गं प्रपदं त्यक्त्वा मूर्ध्नि केशविभागावसानस्थाने छिद्रं कृत्वा तद्द्वारेण प्रवेशं कृतवानित्यर्थः। अत्र पदार्थजाते ईषत्किंचिदप्यन्यत्स्वातिरिक्तं न दृष्ट्वानवलोक्य य एकोऽद्वितीयः सकलजगदधिष्ठानरूपः सकलस्य जगतो विवर्तरूपस्याधिष्ठानरूपः सत्य आश्रमः। उक्तं च-"स जातो भूतान्यभिवैख्यत्किमिहान्यं वावदिषदिति। स

एतमेव पुरुषं ब्रह्म ततमपश्यत्" (ऐ. उप. ३.१३) इति स भूतेषु प्रविष्टो भूतेषु मद्व्यतिरिक्तं विवेक्तव्यं न किमप्यस्तीति विचार्य कारणभूतं स्वात्मानमेव व्याप्ततमं दृष्टवान्नित्यर्थः। आन्तरोऽन्तरात्मा सोऽहं प्रधानं ज्ञप्तिस्वरूपं सर्वप्रकाशं ब्रह्मेति येन पुरुषेणाधिगतं साक्षात्कृतं स ना पुरुषो जीवन्नेवावाप्तकामः सकलात्मकत्वात्सन्न-मृतोऽमरणधर्मा स्याद्भवेत् 'प्रज्ञानं ब्रह्म' (ऐ. उप. ५.३), इति सर्वान्कामानाप्त्वामृतः समभवदिति च। आत्मज्ञानेनैवावाप्तकामत्वमिति तत्त्वम्॥९॥

मृद्रूपे ज्ञात एतद्घटमुखमखिलं तज्जमस्यानभिन्नं
तद्वच्छ्रीदेशिकेनानुभवति सततं तत्त्वमस्येवमुक्तः।
यस्मादाकाशमुख्यं भवति जगदिदं ब्रह्म तच्चाहमस्मी-
त्येतन्मत्तो न भिन्नं स भवति मनुजो ब्रह्म न ब्रह्मवेत्ता॥१०॥

अथ **छान्दोग्योपनिषद्र**हस्यमाह-मृद्रूपे इति। मृद्रूप मृल्लक्षणे ज्ञाते विज्ञाते सत्येतत्प्रत्यक्षतोऽनुभूयमानं घटमुखं घटशरावाद्यखिलं सर्वं मृद्विकारजातं तज्जं मृदः कारणाज्जातम्। अतो मृदः सकाशाद् यद्वद्यथा न भिन्नं व्यतिरिक्तं नास्ति। यदुक्तं "यथा खलु सौम्यैकेन मृत्पिण्डेन सर्वं मृन्मयं विज्ञातं स्याद्, वाचारम्भणं विकारो नामधेयं मृत्तिकेत्येव सत्यम्" (छां. उप. ६.१.४) इति। एकेन घटादिकारणभूतेन मृत्पिण्डेन ज्ञातेन तद्विकारभूतं घटादिमृद्रूपत्वेन ज्ञातं भवति, कार्यस्य कारणानन्यत्वात्। अतो घटः शराव इत्यादीनामात्मको विकारो वागालम्बन एव न तु तत्त्वतोऽस्ति। तत्त्वतस्तु मृत्तिकैवेत्यर्थः। तद्वत्तथा श्रीदेशिकेन मोक्षप्रदगुरुणा त्वमहमिति प्रत्ययगोचरः प्रत्यगात्मा तज्जगत्कारणं सच्चिदानन्दरूपं ब्रह्म तद्रूपोऽसीत्येवमनेन प्रकारेणोक्तो बोधितः सन्नुद्दालकेन श्वेतकेतुरिवोक्तं च-"आचार्याद्धैव विदिता विद्या साधिष्ठं प्रापत्(ति)" (छां. उप. ४.९.३) इति। साधिष्ठं साधुतमत्वमपरोक्षतात्पर्यावसायित्वम्। "ऐतदात्म्यमिदꣳ सर्वं तत्सत्यꣳ स आत्मा तत्त्वमसि श्वेतकेतो" (छां. उप. ६.८.७) इति च। ब्रह्मात्मकमखिलं भूतजातं तद्ब्रह्म सत्यं तद्रूपः प्रत्यगात्मा त्वमसीत्यर्थः। यस्माद्ब्रह्मणः सकाशादाकाश-मुख्यमाकाशादीदं जगद्भूतजातं भवत्युत्पद्यते। तद्ब्रह्म च ब्रह्मैवाहं प्रत्यगात्मास्मीति। अतः कारणादेतद्भूतजातं मत्तः प्रत्यगात्मनः सकाशाद्भिन्नं व्यतिरिक्तं नास्तीति सततमनवरतमनुभवति साक्षात्करोति। "सन्मूलाः सौम्येमाः प्रजाः सदायतनाः सत्प्रतिष्ठाः (छां. उप. ६.८.४.६) इत्युक्तत्वात्। सद्ब्रह्मैव जगत उत्पत्तिस्थिति-लयकारणमित्यभिप्रायः। स मनुजः पुरुषो ब्रह्मैव ब्रह्मरूपो भवति। ब्रह्मवेत्ता न भवति। ब्रह्मणो वाङ्मनसागोचरत्वेन तद्वेतृत्वासंभवात्। तथा चोक्तम्-"अथ यदास्य वाङ्मनसि संपद्यते मनः प्राणेन प्राणस्तेजसि तेजः परस्यां देवतायामथ न जानाति" (छां.उप. ६.१.२) इति। यदाविचारेण वाचो मनसि मनसः प्राणे

प्राणस्य तेजसि तेजस आत्मनि लयो भवति। "तत्तेजोऽसृजत" (छां. उप. ६.२.३) इति तेजसः प्रथमविकारत्वेनाभिधानात्। आकाशवाय्वोरपि तेजस्येवान्तर्भावस्तदा न जानातीति ज्ञेयस्यान्यस्याभावात्। स्वस्य तु स्वज्ञेयत्वासंभवात्। अपरोक्षज्ञानिन एव ब्रह्माहमिति बुद्धिरुत्पद्यत इति तात्पर्यम्।।१०।।

यस्यानन्दस्य मात्रा विविधसुखमिदं येन सर्वेऽपि जीवाः
प्राणन्त्यव्याकृतं प्राग्जगदिदमखिलं व्याकरोन्नामरूपैः।
अन्तर्यामी हृषीकाधिप इति विदितं व्यापकं ब्रह्म तन्ना-
हं ब्रह्मास्मीति वेत्तैति विलयमसवस्तस्य नैवोच्छलन्ति।।११।।

अथ **बृहदारण्यकोपनिषद्र**हस्यमाह-यस्येति। येन सुखेनानन्देन सर्वेऽपि जीवा ब्रह्माद्याः प्राणन्ति जीवन्ति। इदं विषयजन्यं विविधं विषयभेदेन नानाप्रकारं सुखम्। जात्यभिप्रायेणैकवचनम्। आनन्दा यस्य ब्रह्मणो ब्रह्मरूपस्यानन्दस्य, मात्रालेशरूपा भवन्ति। तदुक्तम्-"एतस्यैवानन्दस्यान्यानि भूतानि मात्रामुपजीवन्ति" (बृह. उप. ४.३.३२) इति ब्रह्मानन्दलेशप्राप्त्यैव सर्वेषामुपजीवनमित्यर्थः। य आत्मेदं प्रत्यक्षतोऽनुभूयमानमखिलं जगद्भूतजातं सृष्टेः पूर्वमव्याकृतमप्रग(क) टनामरूपमात्मरूपमासीत्। तन्नामरूपैर्देवदत्तयज्ञदत्तेत्यादिनामभी रूपैर्मनुष्याद्याकृतिभिः शुक्लादिगुणैश्च व्याकरोत् प्रकटीचकार। उक्तं च-"तद्ध्येदं तर्ह्यव्याकृतमासीत्। तन्नामरूपाभ्यामेव व्याक्रियतासौ नामायमिदꣳरूपम्" (बृह. उप. १.४.७) इति। सृष्टेः पूर्वमव्याकृतनानाविधनामरूपं सदेकं ब्रह्मासीत्। तदेव सृष्टिकालेऽनेकनाम-रूपैर्व्यक्तीभावमापद्यत। यथा प्रातः स्वरूपतो विद्यमानाः किरणा मध्याह्ने भासमानजलपूरतरङ्गादिनामरूपैरित्यर्थः। अनेन ब्रह्मणः कालत्रयास्तित्वं सूचितम्। अन्तर्याम्यन्तः स्थित्वा प्राणादीन्नियमयति-"यः पृथिव्यां तिष्ठन्...यः पृथिवीमन्तरो यमयति" (बृह. उप. ३.७.३) इत्यादिना सर्वान्तर्यामित्वमुक्त्वा "एष त... अन्तर्याम्यमृतः" (बृह. उप. ३.७.३) इति श्रुत्युपदिष्टत्वात्। हृषीकाधिपो हृषीकाणा-मिन्द्रियाणामधिपः स्वामी। यत्सत्तयेन्द्रियाणां स्वक्रियासामर्थ्यम्। "प्राणस्य प्राणमुत चक्षुषश्चक्षुरुत श्रोत्रस्य श्रोत्रं मनसो ये मनो विदुः। ते निचिक्युर्ब्रह्म पुराणमग्र्यम्" (बृह. उप. ४.४.१८) इत्युक्तत्वात्। येन प्राणादीनां स्वव्यापारसामर्थ्यं यद्योगेन तद्विदुस्ते ब्रह्म निश्चयेन ज्ञातवन्त इत्यभिप्रायः। इति पूर्वोक्तशब्दद्वयविशिष्टत्वेन विदितं वेदान्तशास्त्रे प्रसिद्धम्। व्यापकं सर्वत्र कारणतानुस्यूतम्। "स वा अयं पुरुषं सर्वासु पूर्षु पुरिशयो नैनेन किंच नानावृतं नैनेन किंचनासंवृतम्" (बृह. उप. २.५.१८) इत्युक्तेः। सकलशरीरेषु विद्यमानो यः पुरुषोऽनेन बाह्यभूतेनानाच्छादित-मन्तर्भूतेनाननुप्रविष्टं किंचिदपि भूतजातं नास्तीत्यर्थः। एतादृशं यद्ब्रह्माहं प्रत्यगात्मा। ब्रह्म सच्चिदानन्दलक्षणं सकलजगदधिष्ठानम्। तद्रूपोऽस्मीति वेत्ता विद्वान् यः

पुरुषः स तत्र पूर्वोक्ते ब्रह्मणि विलयमेति, एकीभावं प्राप्नोति। तस्य विदुषोऽसवः प्राणा नैवोच्छ्वलन्त्युत्क्रमणं नैव प्राप्नुवन्ति। तथा चोक्तम्-"न तस्य प्राणा (m. gloss प्राणशब्देनाहंब्रह्मण्येकीभावेन तिष्ठति) उत्क्रामन्त्यत्रैव समवलीयन्ते। ब्रह्मैव सन्ब्रह्माप्येति (बृह. उप. ४.४.६)" इत्यर्थः। तस्याप्तकामस्य विदुषः प्राणा नोत्क्रामन्ति। किन्तु स्वयोनौ ब्रह्मण्येव प्रलीयन्ते। स जीवन् ब्रह्मैव सन्ब्रह्माप्येति, प्रविशति, न पुनरावर्तत इत्यर्थः। ब्रह्मापरोक्ष्यं विना गतागतदुःखनिवृत्तिर्नेति गूढोऽभिसंधिः॥११॥

श्रीरामाङ्घ्र्यब्जभृङ्गो गुरुचरणकृपापाङ्गलब्धैक्यबोधो
यः श्रीसिद्धेशसूनुर्विरचितममुना रामचन्द्राभिधेन।
यच्छ्लोकैः पङ्क्तिसंख्यैरिदमुपनिषदां सद्रहस्यं दशानां
ज्ञात्वार्थं संपठेद्योऽनुभवति स सुखं सद्गुरोः संप्रसादात्॥१२॥

इतिश्रीमद्विद्वन्मुकुटालङ्कारहीरवरश्रीराजयोगिवर्यश्रीसिद्धेश्वरसूरिसूनुश्रीरामचन्द्रपण्डितविरचितं दशोपनिषद्रहस्यं समाप्तम्॥

अधुना ग्रन्थकृत्स्वनाम ग्रन्थनाम च निर्दिशति। श्रीरामेति-यः श्रीरामाङ्घ्र्यब्जभृङ्ग इव भृङ्ग आसक्तः। गुरुचरणकृपापाङ्गलब्धैक्यबोधः श्रीगुरुचरणकृपादृष्ट्या लब्धः प्राप्त ऐक्यं जीवब्रह्मैक्यं तस्य बोधोऽनुभवो येन सः श्रीसिद्धेशसूनुः श्रीसिद्धेश्वरात्मजोऽमुना तेन रामचन्द्राभिधेन रामचन्द्रशर्मणा यद्विरचितं पङ्क्तिसंख्यैर्दशसंख्याकैः श्लोकैर्दशानामीशकेनकठमुण्डप्रश्नमाडूक्यतैत्तिरीयैतरेयछान्दोग्यबृहदारण्यकसंज्ञानामुपनिषदां श्रुतिशिरसां सदृजुशब्दस्यानुसारि रहस्यं तात्पर्यं तदिदं प्रत्यक्षतो निर्दिष्टमर्थं ज्ञात्वा विचार्य यः पठेत्स पुरुषः सद्गुरोः संप्रसादात् श्रीगुरुप्रसादयोगेन सुखमनुभवति-नित्यसुखः सहजनिरतिशयानन्दवान्भवेत्। एतेनोपनिषदर्थविचारेण ब्रह्मानन्दी भवतीति शिवम्॥१२॥

इतिश्रीमद्विद्वन्मुकुटालङ्करहीरभूतश्रीराजगोगिवर्यश्रीमत्सिद्धेश्वरसूरिसूनुश्रीमद्रामचन्द्रपण्डितविरचितश्रीदशोपनिषद्रहस्यस्य विवृतिः समाप्तिमगमत्॥

४. शारीरतात्पर्यसंग्रहः

श्रीमत्परब्रह्मणे नमः।

श्रीरामचन्द्रं क्षितिजासमेतं
प्रणम्य सिद्धेश्वरदैशिकं च।
शारीरके भाष्यकृता प्रणीते
सिद्धान्ततात्पर्यमहं चिनोमि॥१॥

मुमुक्षुणा ब्रह्म विचारणीयं
स्थित्युद्भवान्ता जगतो यतस्तत्।
वेदैकवेद्यं श्रुतियोनिभूतं
श्रुत्युक्तमार्गैः प्रतिपाद्यमेकम्॥२॥

न कारणं स्याज्जगतः प्रधान-
मवाच्यमात्मेक्षितृकादिशब्दैः।
जडत्वतो नो परमाणवश्च
शून्यं न सन्नासत उद्भवेद्धि॥३॥

यस्त्वैक्यविज्ञस्य नरस्य मोक्ष
उक्तः श्रुतौ जीवलयः सुषुप्तौ।
यस्मिन्समस्तोपनिषत्सु तुल्यं
तात्पर्यलिङ्गैः समुदीरितं तत्॥४॥

आनन्दशब्दं बृहदेव हेतु-
र्विचित्रसृष्टे रचनान्न जीवः।
लब्धव्यलब्धृव्यपदेशतश्च
तज्जीवभेदश्रुतितोऽन्तरस्थः॥५॥

आकाश एतद्बृहतो गुणोक्तेः
प्राणश्च तल्लक्षणतो बृहत्स्यात्।

ज्योतिर्बृहत्स्याज्जगदङ्घ्रितोक्तेः
प्राणस्तदध्यात्मगुणोपदेशात्॥६॥

इति प्रथमाध्यायस्य प्रथमः पादः॥१॥

मनोमयत्वादिगुणैरुपास्यं
गन्तव्यगन्तृश्रुतितो न जीवः।
ब्रह्मा ह्यथात्तेश्वर एव नान्यः
संहर्तृताया अखिलस्य गौणः॥१॥

हृदि प्रविष्टौ परमात्मजीवा-
वेकस्तु साक्ष्येव परस्तु भोक्ता।
अक्षिस्थ ईशः पुरुषो ह्युपास्यो
विद्यावदध्वश्रुतितो न चान्यः॥२॥

सर्वज्ञ ईशः सकलस्य चान्त-
र्यामी जडत्वात्प्रकृतिर्न जीवः।
न भेदवाक्यादथ भूतयोनि-
र्ब्रह्मैव जीवो न तथा प्रधानम्॥३॥

विलक्षणत्वात्परतोक्तितश्च
वैश्वानरस्त्वीश्वर एव नान्यः।
त्रैलोक्यदेहप्रतिपादनाद्यो
भ्रूघ्राणसंधावनुचिन्तनीयः॥४॥

इति प्रथमाध्यायस्य द्वितीयः पादः॥२॥

तत्प्रोतमोतं सलिलादि यस्मि-
न्नैव प्रधानं बृहदात्मशब्दात्।
प्राणो न भूमा बृहदेव तस्मा-
दनन्तरं सत्युपदिश्यमानः॥१॥

ब्रह्माक्षरं भ्वादिनभोऽन्तधृत्या
जगत्प्रशस्तेरनुपाधितोक्तेः।
ब्रह्मैव चिन्त्यं प्रणवेन यस्मा-
दुक्तं विराजः परमीक्षणीयम्॥२॥

ज्ञेयः परात्मा दहरो न जीव
आधारताया जगतोऽनघत्वात्।
त्र्यवस्थसाक्षी पर एव जीवो
नोपक्रमात्स्यादुपसंहृतेः सः॥३॥

सूर्याद्यभास्यं बृहदेव सर्वा-
वभासकं स्याज्जगतोऽग्रभानात्।
अङ्गुष्ठमात्रो हृदि लभ्यताया
जीवो न सर्वेशितृतात ईशः॥४॥

ते ब्रह्मविद्याधिकृता हि देवा
मुक्त्यर्थिनो ये निगमार्थवित्त्वात्।
शूद्रः पुराणस्मृतिवाक्यजन्या-
ज्ज्ञानेऽधिकारी श्रवणाद्विमुक्तः॥५॥

प्राणः परेशोऽखिलचालकत्वा-
त्तद्वेदनान्मुक्त्युपदेशतश्च।
ज्योतिः परं ब्रह्म न चान्यदक्ष-
साक्षित्वतश्चोत्तमताश्रुतेश्च॥६॥

निर्वाहकत्वाख्यनियन्तृताव-
दाकाशशब्दं बृहदात्मतोक्तेः।
जीवो न विज्ञानमयः परात्मा
सोऽसङ्ग आत्मेत्युपसंहृतो यः॥७॥

इति प्रथमाध्यायस्य तृतीयः पादः॥३॥

अव्यक्तमुक्तं महतः परं त-
त्सूक्ष्मं तु बीजं वपुषोऽस्य शेषात्।
अजातसांख्यप्रकृतिस्तु तेजो-
बन्नात्मिका सा श्रुतिमूर्धवाक्यात्॥१॥

प्राणाक्षिकर्णान्नमनांसि पञ्च-
जना न तत्त्वानि नभःपृथक्त्वात्।
स्रष्टैक एवास्ति स सृज्यभेदेऽ-
प्यनेकशब्दैः प्रतिपादितो यः॥२॥

कर्ता परात्मा जगतो न चान्यः
स एव वेद्योऽखिलशक्तिमत्वात्।
ज्ञातव्य आत्मा पर एव तद्वि-
ज्ञानस्य मुक्तिं प्रति हेतुतोक्तेः॥३॥

ब्रह्माखिलस्य प्रकृतिर्निमित्तं
तस्यैव वीक्षा बहुभाववाक्यात्।
नान्यज्जगत्कारणमन्यसिद्धं
ब्रह्मैव वेदान्तसमन्वयात्स्यात्॥४॥

[1]इति श्रीमच्छारीरतात्पर्यसंग्रहे चतुर्थः पादः॥४॥

अध्यायश्च समाप्तः प्रथमः॥१॥

सांख्यस्मृतिः श्रौतकृतान्तबाध्या
मूला हि मन्वादिवचोविरोधात्।
योगोऽपि वेदान्तमतेन बाध्य-
तात्पर्यतस्तस्य हि चित्तरोधे॥१॥

तर्कोऽपि बाध्यो हि विलक्षणत्वं
वैषम्यतः कारणतास्ति दृष्टा॥
वैशेषिकादीनि मतानि शिष्टै-
स्त्यक्तानि तैः श्रौतमतं न बाध्यम्॥२॥

द्वैतं तु बाध्यं व्यवहारसिद्ध-
मद्वैततः श्रौतकृतान्तसिद्धात्।
अभेदभेदौ व्यवहारसिद्धा-
वद्वैतमेव श्रुतिसिद्धमेकम्॥३॥

मिथ्यात्वबोधान्न हि जीवदुःख-
भागीश्वरोऽतो न परस्य लेपः।
विचित्रसृष्टिर्जगतः क्रमश्चा-
चिन्त्यस्वशक्तेर्बृहतोऽद्वितीयात्॥४॥

---

1. B reads प्रथमाध्यायस्य चतुर्थः पादः। अध्यायः समासः।
B reads (in marg.) इति प्रथमाध्यायस्य चतुर्थः पादोऽध्यायश्च समाप्तः।

अनित्यता सावयवत्वदोषौ
न ब्रह्मणो मायिककारणत्वात्।
मायेश्वरस्याखिलविश्वकर्त्री
विचित्रशक्तेरशरीरिणोऽपि॥५॥

स्रष्टेश्वरः स्यादपि नित्यतृप्तः
स्वलीलयेच्छारहितोऽखिलस्य।
धर्माद्यपेक्षः सुखदुःखदाते-
श्वरोऽस्य नातो विषमत्वशङ्का॥६॥

न निर्घृणत्वं परमस्य चाथो
आरम्भतो वा परिणामतो वा।
न निर्गुणत्वाद्बृहतो विवर्तो-
पादानता स्याज्जगतो भ्रमत्वात्॥७॥

इति द्वितीयाध्यायस्य प्रथमः पादः॥१॥

जडं प्रधानं जगतो न हेतुः
प्रवृत्त्यभावे न ततो बृहत्स्यात्।
विलक्षणोत्पत्तिरपीह दृष्टा-
ऽतो ब्रह्मकार्यं हि जगद्विचित्रम्॥१॥

न कारणं स्युः परमाणवः सं-
युक्ता विना कर्म न सोऽपि कर्म।
न निर्निमित्तं बृहदेव तस्मा-
दश्नो न युक्तं समुदाययुग्मम्॥२॥

स्कन्धाणुजं चेतनमन्तरा सं-
घातो न तस्मात्पर एव कर्ता।
विज्ञानमात्रः सकलप्रपञ्चो
जाग्रत्पदार्थानपलापतो न॥३॥

न सप्तभङ्गीनयतः पदार्थसिद्धि-
र्विरुद्धप्रतिपादकत्वात्।
निमित्तमीशो न कुलालवत्स्या-
त्प्रमाणतश्चेद्बहुभाववाक्यम्॥४॥

किं न प्रमाणं निगमोदितं ते
न पञ्चरात्रोक्तमतं प्रमाणम्।
जीवोद्भवोक्तौ कृतनाशदोषा-
त्प्रमाणमस्तु त्वविरुद्धमन्यत्॥४॥

इति द्वितीयाध्यायस्य द्वितीयः पादः॥२॥

सत्यं नभो नात्मत उद्भवोक्ते-
श्चैकावबोधादखिलज्ञतोक्तेः।
वायुर्न नित्योऽम्बरवत्स्तुतिस्तु
सा देवतानस्तमितेति वाक्यम्॥१॥

न जायते ब्रह्म न कारणं सं-
भवेत्सदस्याखिलकारणत्वात्।
तेजोऽपि वायूपहितात्परस्मा-
द्भवत्यतो नोपनिषद्विरोधः॥२॥

स्यादात्मनोऽपां जनिरग्न्युपाधे-
र्न सूक्ष्मयोरस्ति तयोर्विरोधः।
वाच्यन्नशब्देन हि भूमिरद्भ्यो
जाता न भूताधिकृतेर्यवादि॥३॥

व्योमादिकाः कार्यकरा जडत्वा-
न्न ब्रह्मकर्त्रीक्षणपूर्वसृष्टेः।
सृष्टिक्रमात्स्याद्विपरीत एव
लयक्रमोऽनेकपुराणगत्वात्॥४॥

सृष्टिक्रमः स्याद्वियदादिरेव
श्रुत्युक्तितः प्राणमुखस्य सृष्टौ।
क्रमे न तात्पर्यमतद्वदुक्ते-
रथो शरीरस्य हि जन्ममृत्यू॥५॥

जीवस्य गौणो तदुपाधियोगा-
ज्जीवस्तु नित्यः श्रुतिवाक्यतः स्यात्।
जीवोऽजजन्यः पर एव जीवा-
त्मना प्रविष्टः श्रुतिवाक्यतोऽतः॥६॥

विज्ञानरूपः खलु जीव एकः
सुषुप्तिगाज्ञानविबोधवत्वात्।
उपाधिबुद्ध्यल्पतयाणुतोक्ति-
र्ब्रह्मैव जीवः खलु सर्वतोऽतः॥७॥

मतिर्न कर्त्री करणं हि जीवः
कर्ता स्वतन्त्रः स यतः क्रियासु।
जीवस्य कर्तृत्वमवास्तवं तद्-
ध्युपाधिसान्निध्यवशेन क्लृप्तम्॥८॥

प्रवर्तको जीवकृतानुकूलो-
न्तर्यामिताया विषमो न हीशः।
औपाधिकाज्जीवपरव्यवस्था-
भेदात्तु बिम्बप्रतिबिम्बतः स्यात्॥९॥

इति [2]द्वितीयाध्यायस्य तृतीयः पादः॥३॥

श्रुतेन्द्रियाणां परतस्तु सृष्टि-
रनादितावान्तरसृष्ट्यपेक्षा।
एकादशाम्नायत इन्द्रियाणि
व्यापारभेदानुभवाच्च सन्ति॥१॥

प्रोक्तानि सूक्ष्माण्यखिलेन्द्रियाण्य-
प्रत्यक्षताया न तु सर्वगाणि।
प्राणस्य मुख्यस्य परात्मनस्तु
जनिः श्रुतातो न भवत्यनादिः॥२॥

प्राणस्तु तत्त्वान्तरमेव भाति
स वायुनेति श्रुतितो न वायुः।
प्राणोऽणुरेवास्ति शरीरसंस्थो
व्याप्याधिदैवस्य विभुत्वमस्तु॥३॥

स्युर्देवतन्त्राण्यखिलेन्द्रियाणि
जीवस्य भोगो निजकर्मयोगात्।

2. B om. द्वितीयाध्यायस्य

नैषां सुरत्वादधमः स योग्यो-
थ प्राणतोऽन्यानि किलेन्द्रियाणि॥४॥

श्रमाश्रमादिश्रुतितस्तदेषां
तन्नामरूपे उदिते तु गौणे।
रूपाभिधाव्याकरणस्य कर्ते-
श्वरो न जीवोऽखिलसृष्ट्यशक्तेः॥५॥

[1]इति श्रीमच्छारीरतात्पर्यसंग्रहे चतुर्थः पादः॥४॥

अध्यायश्च समाप्तो द्वितीयः॥२॥

आवेष्टितो गच्छति भूतसूक्ष्मै-
र्जीवस्तनुं भाविशरीरबीजैः।
स्वर्गं तु मुक्त्वा भुवमागतो यः
स कर्मशेषश्चरणश्रुतेः सः॥१॥

प्रयाति पापी त्रिदिवं न सर्व-
श्रुतिस्तु पुण्यात्मगतिं प्रवक्ति।
सूक्ष्मः खवद्वायुवशेन युक्त
आयाति धूमादिभिरत्र नाकी॥२॥

व्रीह्यादिभावे तु विलम्बवाक्या-
त्पूर्वत्र निर्याणमतो जवेन।
संश्लेषमात्रं तु यवादिबीजे
कर्माद्यनुक्तेर्न तु मुख्यजन्म॥३॥

इति [2]तृतीयाध्यायस्य प्रथमः पादः॥१॥

स्वप्नस्थसृष्टिस्तु मृषैव योग्य-
देशाद्यभावात्किल जीवसृष्टा।
त्रयं पुरीतच्च बृहच्च नाडी-
समुच्चितं ब्रह्मणि लीनतोक्तेः॥१॥

---

1. B reads द्वितीयस्य चतुर्थः पादः। अध्यायश्च समाप्तः।

2. B reads तृतीयस्य।

सोपाधिको ब्रह्मणि लीन आसी-
त्स एव जीवः प्रतिबुध्यतेऽतः।
द्वैताप्रतीतेर्मुखवैकृताच्च
मूर्च्छा त्ववस्थात्रयतो विभिन्ना॥२॥

नीरूपमेव श्रुतिसिद्धमेकं
बृहत्स्वरूपत्वमुपासनार्थम्।
न नेति नेतीति बृहन्निषिध्यं
सच्चानिदं द्वैतनिषेधशेषम्॥३॥

न ब्रह्मणो वस्तु सदस्ति किंचि-
देकाद्वितीयश्रुतिवाक्यतोऽन्यत्।
अचेतनत्वात्फलदं न कर्म
सर्वज्ञ ईशः फलदस्तु नित्यः॥४॥

इति [1]तृतीयाध्यायस्य द्वितीयः पादः॥२॥

पञ्चाग्न्युपासादि भवेन्न भिन्नं
शाखादिभेदेऽपि विधेरभेदात्।
उपासनेऽन्योक्तगुणोऽपरस्या-
माहार्य एवाधिफलप्रदत्वात्॥१॥

छान्दोग्यकाण्वाभिधशाखयोर्नै-
कोद्गीथविद्योभयवेद्यभेदात्।
उद्गीथभक्तेः प्रणवाङ्गमेवो-
पास्योऽक्षरं नान्यदुपासनीयम्॥२॥

ये प्राणविद्यास्थगुणा अनुक्ता
ग्राह्यास्त एवं श्रुतितो हि धीस्थाः।
गुणा य उक्ता यदुपासनायां
तत्रैव ते तेऽथ तु सत्यताद्याः॥३॥

सर्वत्र ते ज्ञानफला अतोऽथ
परंपराब्रह्मविबोधहेतुः।

1. B reads तृतीयस्य।

ततो न वेद्या पुरुषस्तु वेद्यो
नात्मा विराडीश्वर एक शब्दात्॥४॥

सच्छब्द आत्मा निगमाविरोधा-
दन्ते स आत्मेत्युपसंहृतेश्च।
शुद्ध्यर्थमेवाचमनं त्वनूद्या-
त्रानग्नताधीः श्रुतितो विधेया॥५॥

शाण्डिल्यविद्यैकविधा द्विरुक्ता-
प्येकत्र वान्यत्र गुणा विधेयाः।
स्यान्मण्डलस्थाक्षिगयोस्तु पुंसोः
स्थानाद् व्यवस्थाहरहं च नाम्नोः॥६॥

विद्यासु शाण्डिल्यमुखासु ते सं-
भृत्यादयो ब्रह्मगुणा न वेद्याः।
उपासना ताण्डिनि तैत्तिरीये
तु ब्रह्मविद्यास्तुतिरेव नातः॥७॥

विद्यैक्यशङ्काप्यभिचारमन्त्र-
प्रवर्ग्यमुख्यं विनियोगलिङ्गात्।
भवेन्न विद्याङ्गमथात्मवेत्तुः
पुण्यस्य पापस्य च हानिरेव॥८॥

सर्वेषु तास्तस्य तदंशभाजोऽ-
थो मृत्युतः पूर्णमुपासकस्य।
उपास्यसाक्षात्कृतितस्तु हानिः
पुण्यैनसोः स्यात्किल ताण्डिवाक्यात्॥९॥

उपासकस्यैव हि मार्ग उक्त-
फलं त्विहैवात्मविदः प्रबोधात्।
सर्वासु विद्यासु स उत्तरोध्वा-
नुक्तोऽपि सैकः श्रुतिवाक्यतः स्यात्॥१०॥

मुक्तिर्हि नित्यात्मविदां श्रुता सा-
धिकारिणां स्वाप्नसमैरनेकैः।

भुक्त्वा शरीरैस्तु सुखं पदान्ते
स्थूलादयो ब्रह्मणि ये निषेधाः॥११॥

बोधाय तेषामुपसंहृतिः स्या-
द्द्वासुपर्णा च ऋतं पिबन्तौ।
द्वाभ्यां श्रुताच्छत्रिमयेन भोक्तृ-
शब्दप्रवृत्तिस्तत एक विद्या॥१२॥

औषस्तकौहोळकगतैकविद्या
सर्वान्तरप्रश्नतदुत्तराभ्याम्।
शङ्काविशेषाद् द्विरुदीरिताथ
द्विधात्मरव्योर्व्यतिहारतो गीः॥१३॥

ईशस्य जीवस्य उपास्य येऽथ
काण्वश्रुतैकैव हि सत्यविद्या।
अपि द्विरुक्ता बृहतोऽनुवादा-
दाकाश एको दहरश्च हार्दः॥१४॥

आत्मोभयत्रात्मगिरोदितत्वा-
भक्त्यर्थभक्तस्य तु हौम्यतोक्तेः।
प्राणाहुतेर्लोप उपोषणे स्या-
द्विद्यामखाङ्गेष्वपि चोदितायाः॥१५॥

न तु क्रियाङ्गान्यनुपासकस्य
चोपासकस्यापि तु कर्तृतोक्तेः।
प्राणश्च वायुः पृथगेव चिन्त्यः
स्थानप्रभेदादपि तत्त्वमेकम्॥१६॥

स्वतन्त्रविद्या हि मनश्चिदाद्या
विद्याचितोक्तेर्न हि कर्मशेषाः।
आत्मा तु गेहात्परलोकगोऽन्यो
नात्रास्य नाशात्परलोकगत्वम्॥१७॥

भूम्यादिदृष्टिः क्वचनोदितोक्थे
सा सर्वशाखासु समोक्थशब्दात्।

चिन्त्यस्तु वैश्वानर एव नाङ्गा-
न्युपक्रमादङ्गविनिन्दनाच्च॥१८॥

मध्वादिविद्याः श्रुतिगा विभिन्नाः
फलश्रुतेरेकसु दुष्करत्वात्।
उपास्यसाक्षात्कृतिरेकतः स्या-
द्विकल्पितानीत उपासनानि॥१९॥

अहं गृहाणि स्युरथ प्रतीक-
विद्याविभिन्नास्तु पृथक्फलत्वात्।
कर्माङ्गविद्यास्तु समुच्चिता वा
विकल्पिता वा क्रमविध्यभावात्॥२०॥

इति [1]तृतीयाध्यायस्य तृतीयः पादः॥३॥

ब्रह्मात्मबोधेन भवेत्क्रियाङ्गं
विरोधतो मुक्तिकरः स्वतन्त्रः।
यत्याश्रमोऽस्ति श्रुतिषूदितत्वा-
न्न कर्मकार्यर्हति चात्मनिष्ठाम्॥१॥

रसोत्तमत्वादिगुणा उपास्या
ॐकारगास्तूपनिषच्छ्रुतत्वात्।
उक्तानि सर्वोपनिषत्सु यान्या-
ख्यानानि विद्यास्तुतये तु तानि॥२॥

कर्मानपेक्षस्तु फलप्रदाता
ब्रह्मात्मबोधः किल दीपवत्स्यात्।
यज्ञाद्यपेक्षास्वजनौ तु विद्या
वर्त्याद्यपेक्षस्तु यथा प्रदीपः॥३॥

सर्वान्नभुक्तिर्विहिता विपत्तौ
प्राणस्य रक्षा किल यावता स्यात्।
धर्मस्तु विद्यार्थितयापि सिद्ध्ये-
दनुष्ठितैः कर्मभिराश्रमस्य॥४॥

---

१. Breads तृतीयस्य

श्रुतत्वतो नाश्रमिणोऽपि बोधः
स्यादाश्रमस्त्वात्मविशुद्धहेतुः।
आरोह एव स्मृत आश्रमाणां
नैवावरोहः श्रुतिशिष्टनिन्द्यः॥५॥

निजव्रताद्भ्रष्ट इहोर्ध्वरेताः
शुद्धिः पुनः संस्कृतितश्च तस्य।
आमुष्मिकी शुद्धिरुदाहृतास्य
तस्मान्न शिष्टैर्व्यवहारयोग्यः॥६॥

क्रीता हि कर्माचरणाय यस्मा-
त्कृतं यदृत्विग्भिरुपासनं तैः।
तत्तत्फलं स्याद्यजमानगामि-
नाशाय मौनं दृढवासनानाम्॥७॥

ज्ञानोपयोग्यस्ति ततो विधेयं
स्याद्भावशुद्धिः श्रुतिगं तु बाल्यम्।
न कामचारो न वयोविरोधा-
द्ब्रह्मावबोधः फलदस्त्विहैव॥८॥

जन्मान्तरे तु प्रतिबन्धसत्वे
दृष्टो यतो गर्भगवामदेवे।
विधेर्नरस्यैकविधैव मुक्ति-
र्ब्रह्मैव सा सातिशया न तस्मात्॥९॥

इति श्रीमच्छारीरतात्पर्यसंग्रहे चतुर्थः पादः॥४॥

अध्यायश्च समाप्तस्तृतीयः॥३॥

आवर्त्यमेव श्रवणादि यावद्वि-
ज्ञानमेवास्य फलं हि दृष्टम्।
ज्ञेयं बृहत्स्वात्मतयावबोद्धया
वस्त्वैक्यतस्तत्त्वमसीति वाक्यात्॥१॥

कार्या त्वहंदृष्टिरुपासकेन
नैव प्रतीके तदुपास्तिहानेः।

स्याद्ब्रह्मदृष्टिर्मन आदिषूक्ता
चोत्कर्षवत्वादितिशब्दतश्च॥२॥

रव्यादिदृष्टिर्विहिता क्रियाङ्गे
तत्संस्कृतं कर्म फलप्रदं स्यात्।
उपासने बुद्ध्यचलत्वहेतु-
त्वादासनं स्यान्नियतं यदुक्तम्॥३॥

न देशकालादिविचिन्तने स्या-
न्मनोनुकूलेति वचो हि योगे।
उपासनं त्वामरणं विधेयं
अन्त्यस्मृतेरग्रिमजन्मदत्वात्॥४॥

न पापलेपो विदुषोऽस्ति वस्तु-
सामर्थ्यतोऽश्लेषविनाशवाक्यात्।
न पुण्यलेपोऽपि तथात्मवेत्तु-
रकर्तृता बोधबलाच्छ्रुतेश्च॥५॥

ज्ञानेनारब्धफलस्य नाशो
विद्यैव न स्याद्धि गुरोरभावे।
ततस्तु देहस्थितिरभ्युपेया
ज्ञानोपयुक्तो न लवो विनश्येत्॥६॥

जन्मादिहेतुस्त्वितरो विनश्ये-
न्नित्यक्रियाया इति तद्व्यवस्था।
सोपासनं यन्निरुपासनं च
ज्ञानोपयुक्तं द्विविधं हि नित्यम्॥७॥

न्यूनाधिकत्वश्रुतितोऽथ कर्मा-
धिकारिणां नैकजनिप्रदं यत्।
कर्मास्यनाशोस्तु शरीरभोगा-
द्विद्या न लुप्येत ततोऽस्ति मुक्तिः॥८॥

इति [1]चतुर्थाध्यायस्य प्रथमः पादः॥१॥

---

१. Breads चतुर्थस्य

स्वान्ते गिरादिप्रलयस्तु वृत्त्या
स्वरूपतो नो तदकारणत्वात्।
प्राणे लयः स्यान्मनसस्तु वृत्त्या
स्वयं न साक्षात्तदकारणत्वात्॥१॥

प्राणस्तु जीवे लयमाप्यते न
सहैव भूतेषु विलीयते हि।
नोत्क्रान्तिरज्ञानविदोः समाना
संसारमुक्त्योः सरणिप्रभेदात्॥२॥

विदः स्वयंभूतलयः परस्मि-
न्नन्यस्य वृत्त्यैव जनेः श्रुतत्वात्।
प्राणा हि न ब्रह्मविदस्तनोरु-
त्क्रामन्ति तत्रैव भवन्ति लीनाः॥३॥

वागादयस्तत्त्वविदः स्वदृष्ट्या-
त्मन्येव लीना अविदः स्वहेतौ।
मृतौ कला नद्युपमाश्रुतिभ्यां
नाडीप्रभेदे तु विनिर्गमोक्तेः॥४॥

नोपासितुः कर्मकरस्य चैकः
पन्था मृतो निश्यपि याति रश्मिम्।
स रश्मिनाड्योरवियोगवाक्या-
त्पथोत्तरेणैव ततो हि विद्वान्॥५॥

विद्वान्मृतो दक्षिणकेऽयनेऽपि
यात्युत्तरेणैव सदेवतोक्तेः।
कालावधिः शान्तनवस्य दृष्टः
स ख्यापनायैव पितुर्वरस्य॥६॥

इति [1]चतुर्थाध्यायस्य द्वितीयः पादः॥२॥

न ब्रह्मलोकस्य तु वर्त्म नाना-
विधं श्रुतत्वात्तदुपासनासु।

1. B reads चतुर्थस्य

एकं ततोऽवान्तरदेशभेदेऽप्य-
थोक्तमार्गे तु रवेरधस्तात्॥१॥

वायुस्ततोऽधः खलु देवलोक
इत्थं निवेश्या अविरोधहेतोः।
विद्युत्तदूर्ध्वं वरुणस्तथेन्द्रः
प्रजापतिश्च क्रमतो निवेश्याः॥२॥

न मार्गचिह्नं न च भोगभूर्वा-
र्चिरादयो लोकनिवासिदेवाः।
उदक्पथेनापरमेऽवगम्यं
गतिश्रुतेः स्यात्क्रमतस्तु मुक्तिः॥३॥

न ब्रह्मलोकं समुपासते ये
प्रतीकमेतान्नयति त्वभावात्।
क्रतोर्हि पञ्चाग्निविदः श्रुतत्वा-
दुपासकानां नियता विमुक्तिः॥४॥

इति [1]चतुर्थाध्यायस्य तृतीयः पादः॥३॥

ब्रह्मैव मुक्तिर्न तु नूतना सा-
विर्भाव एवोद्भवशब्दवाच्यः।
मुक्तस्वरूपं बृहतो न भिन्नं
श्रुतो यतस्तूत्तमपूरुषः सः॥१॥

स्यान्निर्विशेषं सविशेषमेवं
ब्रह्म द्विधा तज्ज्ञतदज्ज्ञदृष्ट्या।
स्याद्ब्रह्मलोकस्थमुनेः श्रुतत्वा-
त्स्वभोग्यसृष्टौ क्रतुरेव हेतुः॥२॥

संकल्पतो देहिविदेहिभावा-
वेकस्य पुंसः समुपासकस्य।
इच्छागृहीताः स्युरनेकदेहा-
स्ते सात्मका भोगकृते मनोभिः॥३॥

---

1. B reads चतुर्थस्य

कल्पैरवच्छेदकृतात्मभेदा-
न्न योगिनो विश्वसृजो हि तेभ्यः।
ददौ परात्माखिलभोगसिध्यै
स्वाराज्यमात्मावगमाच्च मुक्तिम्॥४॥

इति [1]श्रीमच्छारीरतात्पर्यसंग्रहे चतुर्थः पादः॥४॥

[2]अध्यायश्च समाप्तश्चतुर्थः॥४॥

रामेण शारीरकभाष्यसिन्धु-
तात्पर्यरत्नानि यथामनीषम्।
विचित्य रामाङ्घ्रिसरोजयुग्मे-
ऽर्पितानि सिद्धेशगुरुप्रसादात्॥१॥

[3]इति श्रीमद्विद्वन्मुकुटालंकारहीरवरश्रीमत्सिद्धेश्वरयोगिराजसूनुश्रीमद्रामचन्द्रपण्डित-विरचितः शारीरतात्पर्यसंग्रहो नाम ग्रन्थः समाप्तिमगमत्। अथ प्रथमाध्यायाधिकराणि ४०, श्लोकाः २०। अथ द्वितीयाध्यायाधिकाराणि ४७ श्लोकाः २६। अथ तृतीया-ध्यायाधिकरणानि ६७ श्लोकाः ३६। अथ चतुर्थाध्यायाधिकरणानि ३८ श्लोकाः २२। मिलित्वा सर्वाण्यधिकरणानि १९२। मिलित्वा सर्वश्लोकाः १०६। इति ग्रन्थसंख्यासंपूर्णतामयासीत्। श्रीसद्गुरुनाथार्पणं भूयात्॥

इति शारीरतात्पर्यसमाप्तिर्विलसतितराम्।

---

1. B reads चतुर्थस्य

2. इति शारीरतात्पर्यसंग्रहे चतुर्थोऽध्यायः।

3. B इति श्रीरामचन्द्रपण्डितविरचितः शारीरतात्पर्यसंग्रहो नाम ग्रंथः समाप्तः। श्रीसीतारामचन्द्रसद्गुरुनाथार्पणमस्तु। प्रथमाध्याय अधिकरणे ४० श्लोक २०, द्वितीयाध्याय अधिकरणे ४७ श्लाक २६, तृतीयाध्याय अधिकरणे ६७, श्लोक ३६, चतुर्थाध्याय अधिकरणे ३८ श्लोक २२, संपूर्ण अधिकरणे १९२, संपूर्ण श्लोक १०९॥ श्रीरामचन्द्रसद्गुरुश्रीबाबामाराजार्पणमस्तु। शके १७४२ विकृतिनामसंवत्सरे आश्वी कृष्णप्रतिपदिलेखनं समाप्तम्॥

५. महावाक्यविवरणम्

सुकोलफलभक्षणाच्छबरिकाविमुक्तिप्रदः
सुदामपृथुकाशनादमरसंपदं दत्तवान्।
सुशाककदलसेवनादमितिविप्रसंतृप्तिदोऽ
वतु स रघुनायकः प्रणतकामकल्पद्रुमः॥१॥

मुमुक्षुरिह यः सदा विषयजातवैराग्यवान्
शमादिपरिनिष्ठितः सदसतोर्विवेके रतः।
पदाम्बुरुहमाश्रितः समधिगम्य वाक्याद्गुरोः
स्वसत्यचिदनन्ततां भवति नित्यशान्तः सुखी॥२॥

संसृतिबन्धविमोकः कदा कथं स्यान्ममेति मतिरचला।
भवति प्राक्पुण्यौघैर्मुमुक्षुता सा सुधीजनैरुदिता॥३॥

ब्रह्मादिस्तम्बावधिसकलपदार्थेषु काकगूथ इव।
हेयत्वबुद्धिरुक्तः शुद्धविरागो मुमुक्षुजनविदितः॥४॥

त्यागो हि वासनानां शम उक्तो बाह्यवृत्तिविनिरोधः।
दम उपरतिस्तु सोक्ता विषयेभ्यो या मनःपरावृत्तिः॥५॥

शीतोष्णादिसहत्वं सैव तितिक्षा श्रुतौ च गुरुवचने।
भक्तिः श्रद्धा लक्ष्ये चित्तैकाग्र्यं स्मृतं समाधानम्॥६॥

किं सत्यं किमसत्यं बुद्ध्या संवीक्ष्य दृश्यमसदखिलम्।
द्रष्टात्मैकः सत्यो निश्चय इत्थं विवेक उदितोऽयम्॥७॥

साधनचतुष्टयेनाधिकारवान् संयुतः स पुरुषवरः।
निगमागमसारज्ञं तत्त्वज्ञं दैशिकं दयासिन्धुम्॥८॥

पृच्छन्संशयमखिलं भक्त्या सेवामनेकधा कुर्वन्।
प्रणमन् सविधे तिष्ठेत् कृपया शुश्रूषया स परितुष्टः॥९॥

अन्नादिपंचकोशान् विविच्य संदर्श्य भिन्नमात्मानम्।
प्रत्यग्ब्रह्मैकत्वं तत्त्वमसीत्येव बोधयति शिष्यम्॥१०॥

तत्पदवाच्यं ब्रह्मानन्तचिदानन्दसत्स्वरूपं यत्।
त्वंपदवाच्यः प्रत्यग्रूपः स्वात्मा तदैक्यमसिपदतः॥११॥

सर्वज्ञं सकलेश्वरमखिलपरोक्षं निगमशिरोगम्यम्।
देही किंचिज्ज्ञोऽहं प्रत्ययवानीशपरवशं मन्यः॥१२॥

जहती स्वार्थत्यागादत्यागादजहती तथा किंचित्।
त्यागात्किंचिद्ग्रहणाज्जहदजहल्लक्षणाभिधेत्युक्ता॥१३॥

लक्षणयैक्यं ज्ञेयं गङ्गायां घोष इव न जहती स्यात्।
ऐकात्म्यात् काकेभ्यो दधि रक्ष्यं तद्वदजहती नैव॥१४॥

भिन्नस्वभावत्वाज्जहदजहल्लक्षणा भवेदत्र।
सोऽयं डित्थो यद्वोद्देशं कालं विरुद्धमपहाय॥१५॥

व्यक्त्यैक्यादज्ञत्वं प्रत्यक्त्वमनीशतां तथा स्वस्य।
प्रभुतां सर्वज्ञत्वं परोक्षतां ब्रह्मणोऽपि संत्यज्य॥१६॥

सच्चित्सुखरूपत्वेनासिपदेनैक्यमेनयोर्बोध्यम्।
इत्थं गुरुवचनेन स्वात्मब्रह्मैकतां समनुभूय॥१७॥

सच्चिदनन्तानन्दात्माधिष्ठानां समस्तजगतोऽहम्।
नान्यन्मत्तः किंचित्किं वाञ्छामीति नित्यतृप्तो यः॥१८॥

स्वानन्दाम्बुधिमग्नो मनुजः शान्तः स तिष्ठति स्वैरम्।
अयमेवाहं ब्रह्मास्मीति महावाक्यजन्यबोधोऽपि॥१९॥

श्रीसिद्धसूनुरामप्रोक्तमहावाक्यविवरणं मर्त्यः।
आलोच्य यः परिपठेद् गुरुकरुणातो भवेत्स नित्यसुखी॥२०॥

॥इति महावाक्यविवरणं समाप्तम्॥

६. अन्तर्निष्ठाष्टकम्

अनुद्विग्नो दुःखानुभवसमये तर्षरहितः
सुखप्राप्तौ माने परविरचिते हृष्यति न यः।
अवज्ञायां खिन्नो न भवति निजानन्दरसिकः
कदाप्यन्तर्निष्ठो भजति विकृतिं न व्यवहरन्॥१॥

अपेक्षाहीनोऽन्तर्बहिरपि शुचिर्द्वन्द्वरहितः
समः शत्रौ मित्रे सहजकरुणः संशयहरः।
ममत्वाहंभावाकलुषितमनाः शान्तकलनः
कदाप्यन्तर्निष्ठो भजति विकृतिं न व्यवहरन्॥२॥

अलाभे लाभे वा भवति विषयाणां सममनाः
यदृच्छाप्तैस्तुष्टः प्रियविरहितः खिद्यति न यः।
उदासीनः क्षान्तः स्थिरमतिरभीश्चेतनसुहृत्
कदाप्यन्तर्निष्ठो भजति विकृतिं न व्यवहरन्॥३॥

सुखी पुर्यां गेहे महति गहने वाप्युपविशन्
शयानः पर्यङ्के भुवि तरुतले वा क्वचिदपि।
फलं शाकं भुङ्क्ते विविधरसमन्नं क्वचिदहो
कदाप्यन्तर्निष्ठो भजति विकृतिं न व्यवहरन्॥४॥

परीवादे स्तोत्रे श्रुतिपथगतेऽक्षोभितमतिः
क्वचिच्चोन्मत्तो वा शिशुरिव पिशाचप्रकृतिकः।
असंकल्पो दक्षः क्वचिदपि च संभ्रान्त इव यः
कदाप्यन्तर्निष्ठो भजति विकृतिं न व्यवहरन्॥५॥

जनाकीर्णं शून्यं भवति गगनं यस्य विदुषः
सदापूर्णं ग्राह्यं किमपि जगति त्याज्यमथ न।
अपि प्राप्तं कुर्वन् प्रकृतिवशतः संगरहितः
कदाप्यन्तर्निष्ठो भजति विकृतिं न व्यवहरन्॥६॥

अनन्ता जीवौघा मयि चिदुदधावन्तरहिते
तरङ्गा दृश्यन्ते स्फुरणवशतश्चित्तमरुतः।
गतायातं तेषां किमपि न ममैतैरिति विदन्
कदाप्यन्तर्निष्ठो भजति विकृतिं न व्यवहरन्॥७॥

गुणातीतावस्थां गुरुकरुणयाप्यामनुदिनं
विचार्यार्थं मर्त्यः पठति खलु यो रामरचिताम्।
सुहृद्ग्रन्थिं मुक्त्वा भजति निजसाम्राज्यपदवीं
तदेतत्सामर्थ्यं गुरुचरणसेवासमुदितम्॥८॥

II. SANSKRIT *STOTRAS*

१. गुरुमानसपूजा

श्रीगणेशाय नमः।

ध्यायेच्छ्रीगुरुमासनं मणिमयं पाद्यं सुतीर्थोदकं
चार्घ्यं गन्धसुमाढ्यमाचमनकं गङ्गाजलैः स्वीकुरु।
स्नानं पौरुषरुद्रसूक्तसलिलैः शुक्लाम्बरे भूषणं
मुक्तायुक्सितवर्णचन्दनमिदं श्वेतं च पुष्पव्रतम्॥१॥

धूपं दीपकमाज्यवर्तिसहितं नैवेद्यकं सुन्दरं
भक्षं पञ्चविधं फलं बहुविधं ताम्बूलकं दक्षिणाम्।
दीपं वन्दनकं विभो भ्रमणकं मन्त्रप्रसूनावलिं
भक्त्या गायननर्तनादिरुचिरं राजोपचारान्विभो॥२॥

सर्वं मानसकल्पितं सुखनिधेऽङ्गीकृत्य सिद्धेश्वरा-
नुक्रोशं मयि बालके कुरु भवागाधाम्बुधेरुद्धर।
माता त्वं च पिता सखा च सहजो न त्वां विनान्यं विभुं
जाने वच्मि किमन्तरं निखिलदृग्जानासि मे सद्गुरो॥३॥

त्रिकालं मानसीं पूजां गुरोर्भक्त्या पठेत्तु यः।
साङ्गपूजाफलं तस्मै ददाति श्रीगुरुर्ध्रुवम्॥४॥

इति श्रीमद्रामचन्द्रपण्डितकृता गुरुमानसपूजा समाप्ता॥

२. गुरोरपराधाष्टकम्

श्रीगणेशाय नमः।

शोकाढ्यः खलु निजमातृगर्भसंस्थः
प्राक्चीर्णाद्बहुविकर्मसंघतो यत्।
मूढत्वान्न हि कृतवानहं स्मृतिं ते
क्षन्तव्यो गुरुवर भो ममापराधः॥१॥

बाल्यस्थो निजमलमूत्रदिग्धगात्रः
क्रीडायामथ जननीस्तनस्य पाने।
सक्तोऽहं मम तु तदा स्मृतिः कथं ते
क्षन्तव्यो गुरुवर भो ममापराधः॥२॥

तारुण्ये विविधधनार्जनातिसक्तो
नित्यासद्बहुविषयाकुलेन्द्रियोऽहम्।
कामिन्या हृतहृदयो न चास्मरंस्त्वां
क्षन्तव्यो गुरुवर भो ममापराधः॥३॥

वृद्धत्वे निजजनपोषणाकुलोऽहं
व्याध्याद्यैः किल परिपीडितोऽतिदुःखी।
बन्धूनां सततवियोगतोऽस्मरं न
क्षन्तव्यो गुरुवर भो ममापराधः॥४॥

स्मार्तं तत्कठिनतरं कृतं न कर्म
श्रौते मे भवति न कर्मणि स्पृहापि।
न स्नातं ह्युषसि हुतं न वीतिहोत्रे
क्षन्तव्यो गुरुवर भो ममापराधः॥५॥

नो दत्तं द्विजवरहस्तके न रूपं
ध्यानं न स्तुतिभिरुपासितं पदं ते।

न द्रव्यैः क्षणमपि ते कृता सपर्या
क्षन्तव्यो गुरुवर भो ममापराधः॥६॥

वैराग्यं न हि विषये कृतो न योग-
श्चायुर्मे विफलमितं कृतं न किंचित्।
अज्ञात्वा तव हि मया कृतावहेला
क्षन्तव्यो गुरुवर भो ममापराधः॥७॥

वाक्चक्षुःश्रुतिकरपाददेहचेतः-
कर्माद्युद्भवमखिलं ममापराधम्।
ज्ञातं वाविदितमिहाकृतं कृतं वा
कारुण्याज्जय जय सद्गुरो क्षमस्व॥८॥

अपराधस्तोत्रमिदं त्रिकालं पुरतो गुरोः।
पठेत्तस्याखिलान्कामान्प्रसन्नो ददते गुरुः॥९॥

इति श्रीमद्रामचन्द्रपण्डितकृतं गुरोरपराधाष्टकं संपूर्णम्॥

३. श्रीराममहिम्नस्तोत्रम्

रमानाथं शश्वन्निजपदनतोत्तारणपरं
दयालुं वैकुण्ठं पशुपतिमनःपञ्जरशुकम्।
मुनिस्तोमध्येयं भवतरणितापोपशमनं
भजन्ति त्वां धन्याः कतिचन चिदानन्दजलधिम्॥१॥

न जाने त्वत्तत्त्वं जडमतिरहं भूरिगहनं
न दुर्दर्शं रूपं भवविधिमुखैर्यद्हृदि धृतम्।
न माहात्म्यं नाम्नस्तदपि मम चित्तं रघुपते
त्वदीयाङ्घ्र्यम्भोजद्वयमिह सदा विस्मरति न॥२॥

अतोऽहं गायामि स्वमतिपरिणामावधिगुणान्
त्वदीयात्कारुण्यादिह मयि ततोऽन्ये न हि गुणाः।
यदुक्तौ कुण्ठास्ते विधिफणिपमुख्या मधुरिपो
कृपातो वाग्मी स्याद्रघुप खलु मूकोऽपि भवतः॥३॥

न विद्याचातुर्यं न विभवजातं न कविता-
ऽप्यतः सर्वैस्त्यक्तः शरणमिह लेभेऽस्मि न यदा।
तदा श्रुत्वा कीर्तिं शरणमुपयातांस्त्यजसि ने-
त्यतः प्राप्तं रक्षोचितमुत यदस्त्यत्र कुरु तत्॥४॥

कृपा कार्या दीने मयि भगवतेत्येवमपि नो
समर्थोऽहं वक्तुं तव चरणसेवासु विमुखः।
तथाऽप्येवं याचे त्वमिह जननी राघव गुणैः
प्रहीणोऽपि श्रीमन् कुरु मयि कृपाम्भोः शिशुरिति॥५॥

त्वया पूर्वं त्राता रघुप बहवो दीननिकरा
गजेन्द्राद्या मूढा अपि करुणया श्रीश भगवन्।
ऋतं मन्ये तन्मामवसि भवभीतेर्यदि हरे
न चेत्सर्गे गीतं कृपणजनपत्वं परिहर॥६॥

प्रसिद्धो लोकेऽपीति च तव सुनामानि गृणतां
ददासि त्वं मुक्तिं तव पदयुगानन्यशरणम्।
भवाग्राहग्रस्तं यदि करुणया मोचयसि न
त्रिलोक्यां गीतस्ते रघुवर गतः किं नु महिमा॥७॥

सकामाः श्रीश त्वां विधिविहितकर्मानुचरणै-
र्भजन्ते ये तेभ्यो दिवमथ भुवो राज्यमपि वा।
अथो ये निष्कामाः श्रवणमननध्याननिरता
ददासि त्वं तेभ्योऽमृतमिह सुरेन्द्रैरसुलभम्॥८॥

अहं त्वत्यन्ताज्ञो भजनपरिपाटीमुभयथा
न जानेऽतः सेवा कृतमतिमपीशोद्धर भवात्।
यतो भोः श्रीराम त्वमिह बहुपापान् समतनो-
र्जगत्स्वामिन् नाकूद्भवमुनिमुखान् देवमहितान्॥९॥

गजेन्द्रो नक्रेणाम्बुनि गिरिसरस्याश्च चरणे
गृहीतो निर्यत्नः शरणविपदुद्धारकहरे।
जगत्स्वामी यः स्यादवतु विपदो रूपमभिधा-
मिति प्रोक्तेऽज्ञात्वाऽपि स भगवता मोचित इह॥१०॥

पुरासीद्विप्रोऽजामिल इति गुणानन्तभगवन्
करालास्यान् दृष्ट्वा पितृपतिभुजिष्यानतिभयः।
तनूजं दासीजं मुनिसुखद नारायण मृतौ
जुहावेति श्रुत्वा स हि निजपदं प्रापित इह॥११॥

भयात् कंसो भक्त्या शुकमुनिमुखा गोपाललनाः
स्मराद्द्वेषान्मुक्तिं रघुप गमिता रावणमुखाः।
विभो स्नेहाद् ध्यात्वा तव पदयुगं पाण्डुतनया
मुरारे संबन्धादनिशशरणं यादववराः॥१२॥

अहल्यापाषाणो मधुहर जटायुः खगवरो
गुहोऽयं चाण्डालो रघुवर तरू अर्जुनयमौ।
पशुर्वै सुग्रीवः सुरवरद दासी च शबरी
बलिश्च प्रह्लादो दनुज इह पाता भगवता॥१३॥

त्वदाख्यां प्रस्थाप्यावनिप गणिका पञ्जरशुके
गता मुक्तिं राम स्वनमिह रघूत्तंस भगवन्।
अये हीनं दीनं त्वमव शरणार्तिद्विपहरे
विभो श्रुत्वा चित्रं मयि न करुणा जायत इति॥१४॥

त्वमुद्धर्तेत्येवं निजमनसि निश्चित्य तु मया
गिरीश ब्रह्माद्यामरगण इनोपेक्षित इह।
इदानीं श्रीराम त्वमिनकुलज द्रक्ष्यसि न मां
कृपाब्धौ नैष्ठुर्यं त्वयि किममरेड्योचितमिदम्॥१५॥

अनाथो दीनो यः स इह परिपाल्यो भगवता
दयाब्धे श्रीनाथ त्रिभुवनपतेऽदो हि बिरुदम्।
शरण्यं त्वत्तोऽन्यं कमहमुपगच्छामि वद भो
मुकुन्द त्वत्तुल्यं वरद न पश्यामि जगति॥१६॥

सुरेन्द्राद्याः सर्वे निजनिजपदस्था जगदिदं
यथादेशं भृत्या इव नरपतेः पान्ति सकलम्।
भयात्त्वत्तो राम त्रिभुवनपते क्षुद्रफलदा
न तेषां स्वातन्त्र्यं तदपि न चिरस्थायि ददति॥१७॥

न जानेऽहं किंचिन्नृपतिलक पूजां रचयितुं
मृतौ वाराणस्यामुपदिशति यत्तारकमिति।
शिवो जीवानां तद्रघुप सकजाघौघशमनं
परं वाचा नाम श्रुतिविनुत गायाम्यमृतदम्॥१८॥

गृणन्तं ते नाम त्रिभुवनप साकेतनिलय
त्रिदृग्ब्रह्मेन्द्राद्यामरविनुतपादाम्बुजयुग।
न मां भो मज्जन्तं भवजलनिधेस्तारयसि चे-
द्गतं नो नाम्नस्ते रघुवर यशस्तारकमिति॥१९॥

सपत्न्या मातुर्यो रघुप जनकाङ्कस्थित इत-
स्त्वमुत्तिष्ठेत्येवं कठिनवचसा दुःखितमनाः।
जनन्या वाचस्त्वां शरणमुपयातो ध्रुवपदं
ध्रुवायास्मै दत्तं स्तवनविधिशक्तोऽपि न शिशुः॥२०॥

सभायां यां दुष्टाः किल विवसनां कर्तुमुदिताः
पतीनां सान्निध्द्येऽप्यनयनतनूजा ऋतुमतीम्।
अलब्ध्वान्यं कृष्णा शरणमतिभीता हृदिगतं
विभो स्मृत्वा त्वां सा वसनरचिते वा भवदनु॥२१॥

निशायां दुर्वासो द्विजपरिवृतो भोक्तुमगम-
त्तदा त्वं द्रौपद्या स्मृत उपगतः शाकसुदलम्।
सुजग्धा स्नाने तानशनपरिपूर्णांस्त्वमकरो
रिपोर्बन्धुर्नत्वा सुकृदपि पदं त्वापदचलम्॥२२॥

किरातैः संवृद्धः कलुषनिचयश्चौर्यनिरतः
परः शूद्रायां यो रघुप जनिमात्राद्द्विज इति।
तवाख्येत्यज्ञात्वा त्वमिह जगतां नाथ इति चा-
प्यृषिर्व्यत्यस्ताख्या जपत इह वाल्मीकिरभवत्॥२३॥

सुतानां पाण्डोस्त्वं विपदमपहर्ता मृतसुतं
बलादानीयादाद् रघुप गुरुपत्न्यै मयि भवान्।
जगन्मातश्चित्रं किमिह करुणां चेत् प्रकुरुते
किमम्बा श्रीराम त्यजति सुतमागस्कृतमपि॥२४॥

मनो दृष्ट्वा त्वां मे विविधमुपसृत्यार्थमधुना
सुखं तत्राप्राप्याचलमिह न कुत्रापि भवति।
यदा पश्ये त्वां तत् स्थिरमति सुखि स्याद्धि जननीं
शिशुर्यद्वद्याचेत्त इह कृपया दर्शय पदम्॥२५॥

यथा लीनार्भाणां किल निजगृहस्था च कृपया
पुनर्दृश्या माता पतितजनसंतारक तथा।
अदृश्योऽस्माकं यद्भजनपरिपाट्या निजवशं
समानीयास्माभिस्त्वमबुधनरैर्ज्ञायस इति॥२६॥

श्रुतीनामुद्धर्ता नगधृदवनिधृत् सुवरदो-
ऽसुरे प्रह्लादाख्ये बलिपदहरः क्षत्रियरिपुः।
नगद्विट्जिद्धन्तार्जुनरथनियन्ता मखविधे-
ररिर्म्लेच्छाहर्तावतु रघुवरो मां दशतनुः॥२७॥

महिम्नस्ते पारं विधिरपि न जानाति किमु ना
तथाप्यज्ञात्वाद्येयमिह तव वाङ्मौक्तिककृता।
मया माला ग्राह्या मयि च कृपया यो नर इमां
पठेन्नित्यं तस्मै रघुतिलक देहीष्टमखिलम्॥२८॥

इति श्रीमद्विद्वन्मुकुटालंकारश्रीरामचन्द्रपण्डितविरचितं नक्षत्रमाला-परनामकं श्रीराममहिम्नस्तोत्रं संपूर्णम्।

४. राममानसपूजास्तोत्रम्

श्रीमत्-श्यामतनुं कृपार्द्रनयनं वामाङ्कसीतं हरिं
श्रीवत्साङ्कितवक्षसं स्मितमुखं ध्यायामि हृन्मन्दिरे।
श्रीरामामलरत्नवृन्दविलसत्सिंहासनं स्वीकुरु
श्रीसंलालितपादकुञ्जयुगले पाद्यं सुतीर्थोदकम्॥१॥

रामार्घ्यं सुमगन्धकेशरयुतं गङ्गाजलं निर्मलं
राजेन्द्राचमनार्थमाहृतमुशीरैलासुगन्धान्वितम्।
रक्षोरे मधुपर्कमाज्यमधुदध्येकीकृतं सुन्दरं
राजीवाक्ष वपुर्मलापहरणस्नानार्थमुष्णोदकम्॥२॥

मार्तण्डान्वयदुग्धमत्रदधिसर्पिर्माक्षिकं शर्करा
मन्द्रस्वान मया हृतं बहुतरं स्नानाय पञ्चामृतम्।
मायाधीश्वर रुद्रपौरुषरमासूक्तैः सुतीर्थोदकै-
र्मानातीतगुणाप्लवं पुनरथो पीते वरे वाससी॥३॥

जगद्रुचिर यज्ञसूत्रमथ रत्नहेमान्वितं
जनार्दन विभूषणं बहुविधं च गन्धं कृतम्।
जयेश मृगनाभिचन्दनसिताभ्रकाश्मीरकै-
र्जगत्त्रितयकारणानुपरत्नमुक्ताक्षतान्॥४॥

योगेशोत्तम गन्धचम्पकमुखं पुष्पं च नानाविधं
योगीन्द्रार्च्यपदाब्ज भो विरचितं धूपं शिलाभ्रादिभिः।
योधाग्रेगणनीय दीपममलं ह्याज्याक्तवर्त्यन्वितं
यज्ञाद्यौदनसूपपूपपरमान्नाज्याद्यनैवेद्यकम्॥५॥

रम्भादीनि फलानि देवकुसुमैलापूगचूर्णच्छदै-
राकाधीशवतंस पूज्यपद भो ताम्बूलमेतत्कृतम्।
रूपासत्कृतपञ्चबाणकनकाद्यां दक्षिणां सुन्दरां
राजन्योत्तम दीपमत्र घनसाराज्याक्तवर्तीयुतम्॥६॥

मेषसद्ध्वजनातपत्रसुचामराणि सुगायनं
मेघनादविनाशनाग्रज वाद्यनर्तनसंयुतम्।
मेनकादिसुराप्सरोनिचयैः कृतं बहु सुन्दरं
मेरुसंनिलयाभयप्रद दण्डवत्शुभवन्दनम्॥७॥

जानकीप्रियनाथ सत्परिवर्तनं मनसाऽर्पितं
जाड्यतापरिहारकाक्षतपुष्पवृन्दमधीश्वर।
जीवनप्रद रदादिकनुत्य सद्यश ओघ भो
जिष्णुसूनुविनाशनामलमञ्जुसद्गुण पाहि माम्॥८॥

योगारूढमहामुनीन्द्रहृदयानन्दैक कन्दायते
युद्धे संहृतदानवेशनिचयायाम्भोजजाजानये।
याचित्वा पृथ्वीं बलेः प्रददते भूमीध्रपक्षच्छिदै-
र्यज्वस्तोत्रसुपालकाय रविवंशोत्तंस तुभ्यं नमः॥९॥

जगदघहरनामन् कुम्भकर्णप्रहर्तः
जनकविहितपूज ब्राह्मणौघाधिपाल।
जनुरवनलयानां कारणायासुरारे
जय जय रघुनाथानाथनाथ प्रसीद॥१०॥

यजुस्तुतपदाब्जधूलिचयतारिताश्मन् प्रभो
यतिप्रिय मुकुन्द सन्निचयपालने तत्पर।
यशःसमुदयाकर त्रिजगदीश सीतापते
यदुप्रवर कंसहन् वरद बल्लवीवल्लभ॥११॥

रुक्मभूषण ॠक्षमर्कटवानरेश धरापते
राघवाघविनाश संसृतितापवह्निबलाहक।
रङ्कनाथ मृगाहिताम्बुधितारिताचलसंहते
रामचन्द्र दयानिधेऽखिललोकनाथ नमो नमः॥१२॥

मत्तेभेन्द्रकरामबाहुयुग हे साकेतभूपाल भो
मायायाः परतः स्थितासुरवरप्रह्लादसंतारक।
माराद्याहितपीडितं सुकृपणं दीनं विहीनं गुणै-
र्मामाशूद्धर संसृतेर्जलनिधेर्याचे पुनस्त्वामिदम्॥१३॥

य इमां मानसीं पूजां पठेत्तव दिने दिने।
रघुनायक देह्यस्मै पुरुषार्थचतुष्टयम्॥१४॥

५. रामाष्टकम्

वायुसूनुसमर्चितामलपादतामरसद्वयं
बाणसंघविनाशिताखिलयातुधानकदम्बकम्।
पादपङ्कजपरागसङ्गमुद्धृतर्षिवराङ्गनं
चन्द्रशेखरमानसाम्बुजचन्दिरप्रभुमाश्रये॥१॥

व्यत्ययाक्षरनामसंकथनानधीकृतनाकुजं
सिद्धचारणकिन्नराप्सरसौघकीर्तितयद्गुणम्।
देवतासमुदायपीडनवारणार्थकृतोद्यमं
चन्द्रशेखरमानसाम्बुजचन्दिरप्रभुमाश्रये॥२॥

ब्राह्मणौघमखक्रियाततिरक्षणैकधृतव्रतं
भक्तिमच्छबरीसमर्पितवन्यसत्फलभोजिनम्।
हस्तपङ्कजसंगमात्रसुरालयार्पितपत्रिणं
चन्द्रशेखरमानसाम्बुजचन्दिरप्रभुमाश्रये॥३॥

भूपमण्डलमध्यगेश्वरपीनचापविभञ्जकं
जानकीहृदयाम्बुजातनिवासमानसकेतनम्।
बाहुजान्तकदृप्तभार्गवराममानविदारकं
चन्द्रशेखरमानसाम्बुजचन्दिरप्रभुमाश्रये॥४॥

अब्धिमध्यगवेदनिर्हरणात्तमीनकलेवरं
मन्दराचलधारणार्थकठोरपृष्ठसुकच्छपम्।
दन्तशृङ्गसमुद्धृतावनिगोलयज्ञवराहकं
चन्द्रशेखरमानसाम्बुजचन्दिरप्रभुमाश्रये॥५॥

दानवेशकयाधुजावनमर्त्यकेसरिविग्रहं
पादविक्रमपूरिताखिललोकसद्वटुवामनम्।
भूपसंहरणात्तभार्गवपूर्वरामसमाह्वयं
चन्द्रशेखरमानसाम्बुजचन्दिरप्रभुमाश्रये॥६॥

दुष्टचेष्टितशक्रजिद्‌वधसंधृतार्ककुलोद्‌भवं
पार्थसारथिभावकैतवसंहृतावनिभारकम्।
जीवनाशनयज्ञसंततिनिन्दनार्थजिनाभिधं
चन्द्रशेखरमानसाम्बुजचन्दिरप्रभुमाश्रये॥७॥

वर्णसंकरहेतुपुल्कससंघनाशनकल्किनं
भक्तसंचयसंकटाहरणात्तबह्वतारकम्।
रामनामकदीनसेवकपालनैकपरायणं
चन्द्रशेखरमानसाम्बुजचन्दिरप्रभुमाश्रये॥८॥

६. गङ्गाष्टकम्

श्रीगुरुर्जयति॥

त्वदम्भोभिः स्नानं जगति कुरुते कोऽपि मनुज-
स्तवैश्वर्यं ज्ञात्वा स खलु भजते मोक्षपदवीम्।
इदं किं वक्तव्यं जलपवनसङ्गादमृतदे
सरित्तुङ्गे गङ्गे त्रिजगदघभङ्गे त्रिपथगे॥१॥

पशुः कीटः कश्चित्तव पुलिनगः कोऽपि विहगो
जगत्यां धन्योऽसौ भवति पुनरावृत्तिरहितः।
न मुक्तेः पात्रं स्यात्सुरनगरवासी हरिहयः
सरित्तुङ्गे गङ्गे त्रिजगदघभङ्गे त्रिपथगे॥२॥

त्वदन्तः पात्रं स्यात्तनुरपि च जन्तोः सुकृतिनो
जलक्लिन्नाः काकैः श्वभिरपि शृगालैः कवलिता।
विमानस्थो गन्ता स शिवनगरं वाच्युतपुरं
सरित्तुङ्गे गङ्गे त्रिजगदघभङ्गे त्रिपथगे॥३॥

मृतं कञ्चिन्नीत्वा यमपि हरिदूता यमभटा-
स्तटे याताः कृत्वा कलहमुपजग्मुर्विधिसदः।
विधिर्दृष्ट्वोत्तस्थौ तमथ हरमित्यद्भुतमदः
सरित्तुङ्गे गङ्गे त्रिजगदघभङ्गे त्रिपथगे॥४॥

यदस्थि त्वत्तोये पतति खलु यावत्तदवधिः
स्मरारेर्विष्णोर्वा भवति नगरे तस्य वसतिः।
त्रितापी संहर्तीश्वरमुकुटहीरावलिनिभे
सरित्तुङ्गे गङ्गे त्रिजगदघभङ्गे त्रिपथगे॥५॥

प्लवं ग्राहं नक्रं सुरनदिकुलीरं तव जले
समालोक्येन्द्रापि स्वपदमतितुच्छं स मनुते।

नृणामाधि-व्याधि-प्रशमनकृदम्भो जननि ते
सरित्तुङ्गे गङ्गे त्रिजगदघभङ्गे त्रिपथगे॥६॥

मनःशुद्धिस्तादृङ्न भवति तपःकर्मनिचयै-
र्न योगाद्यैर्यादृक्तव च जलपानादभिषवात्।
स्मृता दूरस्थेन त्वमपि कुरुषे तं विकलुषं
सरित्तुङ्गे गङ्गे त्रिजगदघभङ्गे त्रिपथगे॥७॥

सकामानामिष्टान्वितरति च भोगानविकला-
न्सुरद्रुःस्वधेनुर्जगति किल चिन्तामणिरपि।
ऋतं भुङ्क्ते **[नित्यं] वितरणपटुत्वं त्वयि परं
सरित्तुङ्गे गङ्गे त्रिजगदघभङ्गे त्रिपथगे॥८॥

गङ्गाष्टकस्तोत्रमिदं स्ववाक्संशुद्धये कृतम्।
रामेण पठतो भक्त्या तुष्टाभूयात्सुरापगा॥९॥

।इति श्रीरामचन्द्रपण्डितविरचितं गङ्गाष्टकस्तोत्रम्।

७. श्रीकृष्णापञ्चकम्॥

॥श्रीगुरुर्जयति॥

दृगध्वानं याता हरति शतजन्मार्जितमघं
जलस्पर्शात्सद्यस्त्रिशतजनिसंपादितमपि।
जनुःसाहस्रेणाचरितमिह याधुन्यभिषवान्
सरिद्वर्या कृष्णा शमितभवतृष्णा विजयते॥१॥

अनेकैस्तत्तीर्थैर्विविधफलदैः संविलसिता
कृताघानां स्नानैर्दशभिरिह या कृच्छ्रफलदा।
सुपीतं यद्वारि प्रभवति जनाज्ञानहृदये
सरिद्वर्या कृष्णा शमितभवतृष्णा विजयते॥२॥

हरिकृष्णावेण्या गिरिश उभयोः संगमजले
करोति स्नानं यः स भवति नरो मुक्तिसदनम्।
यदभःसंपृक्तो मरुदिह भवेद्विष्णुपददः
सरिद्वर्या कृष्णा शमितभवतृष्णा विजयते॥३॥

गतिर्या संप्राप्य मुनिभिरिह योगादिभिरलं
भवेत्सानायासात्खलु तटगतानां जनिमताम्।
अचिन्त्यं सामर्थ्यं मुनिभिरपि यस्या निरुपमा
सरिद्वर्या कृष्णा शमितभवतृष्णा विजयते॥४॥

यदीयं पादोदं पतितजनतापत्रयहरं
स एवायं विष्णुर्भुवि सलिलरूपी विलसति।
अतः को माहात्म्यं वदितुमिह शक्तो भवति सा
सरिद्वर्या कृष्णा शमितभवतृष्णा विजयते॥५॥

कृष्णावेणीस्तोत्रमिदं कृतं रामेण पञ्चकम्।
पठेन्नरः स्नानकाले स निष्पापो भवेद्ध्रुवम्॥६॥

॥इति श्रीकृष्णापञ्चकस्तोत्रं संपूर्णम्॥

८. वाराणसीस्तोत्रम्

श्रीगुरुर्जयति॥

हरत्यंहस्तोमं त्रिदशतटिनी यत्र सकलं
ददात्यर्थानम्बा वितरति च कामान् गजमुखः।
मृतौ मुक्तेर्दाता भवति शितिकण्ठः स्वयमहो
पुरी काशी धन्या जगति बहुमान्या विजयते॥१॥

सुदुष्प्रापं यस्यां कृतविविधपुण्यैरपि जनै-
रमर्त्याः संत्यज्य त्रिदिवमपि वाञ्छन्ति मरणम्।
वरेण्या कैलासात् त्रिपुरहरशूलाग्रलसिता
पुरी काशी धन्या जगति बहुमान्या विजयते॥२॥

मृतान् सर्वान् जन्तूनपि जडधियस्तारकमनु-
र्ऋतौ यस्यां शंभुर्गुरुरुपदिशत्याशु कृपया।
सुवापीं चेत्त्वीमां विशति तदपापो भवति सा
पुरी काशी धन्या जगति बहुमान्या विजयते॥३॥

वियोगाद् यस्या उद्भवति बहुदुःखं तनुभृता-
मतः सर्वे देवा इह विविधरूपैः स्थितिमिताः।
यतोऽगस्तोद्यावध्यपि वहति संतापमतुलं
पुरी काशी धन्या जगति बहुमान्या विजयते॥४॥

तथान्या कासरेर्न भवति यथेयं प्रियतमा-
भिधानैरीशानो बहुभिरिह तिष्ठत्यविरतम्।
सपर्यातो नानाविधमपि फलं यच्छति नृणां
पुरी काशी धन्या जगति बहुमान्या विजयते॥५॥

कृतं यस्यामल्पं भवति सुकृतं चामितफलं
त्रिरुक्ता दूरस्थैर्वितरति फलं या स्ववसतेः।

यदाख्या जापी यो जपति तदभिख्यां पशुपतिः
पुरी काशी धन्या जगति बहुमान्या विजयते॥६॥

प्रसिद्धा यत्रेयं जगति मनिकर्णी हरिविधी-
श्वरैर्नित्यं सेव्या प्रविलसति मध्याह्नसमये।
समायान्ति स्नातुं त्रिभुवनगतायां सुकृतिनः
पुरी काशी धन्या जगति बहुमान्या विजयते॥७॥

भवेत्पञ्च क्रोशं त्वसिवरुणयोर्मध्यगमिदं
पुराराते रूपं परमसुलभं क्षेत्रममलम्।
सुतीर्थानां स्थानं सकलसुखदं यन्निरुपमं
पुरी काशी धन्या जगति बहुमान्या विजयते॥८॥

वाराणसीस्तोत्रमिदं रामेण रचितं सदा।
पठेद्यस्तस्य संतुष्टो भूयाद्विश्वेश्वरः प्रभुः॥९॥

॥इति श्रीरामचन्द्रपण्डितविरचितं वाराणसीस्तोत्रम्॥

९. श्रीरामशयनोत्सवः

श्रीगुरुर्जयति॥

श्रीराम सार्वभौम श्रीसंलालितपदाब्जशुभचरित।
निजसेवकसुखदायक नित्यसुखाकर हतेन्द्ररिपुनिकर॥१॥
सक्रमुरर्कसुवर्णसवर्ण सचूर्णं हि वल्लिपर्णानि।
कर्णान्तायतलोचन सुरकुसुमैलायुतानि समशान॥२॥
वारि सुगन्धि सुहैमे चषके मया हृतं तेन।
कुरु गण्डूषं त्यज भो सद्गृहे त्वं जगद्गृहेशान॥३॥
किंकर्यो व्यजनकराः सुशीतपवनैर्निदाघतापहराः।
सद्मानि सुदीनबन्धो प्रतीक्षमाणाः स्वधैर्यजितसिन्धो॥४॥
विश्वजनक जनकसुता कुरुते विज्ञप्तिमहिशयनगृहे।
जगृहे काञ्चनभाजनगतमणिदीपं ह्रिया मुखं द्रष्टुम्॥५॥
मणिदीपित आगारे सत्प्रावारे कुरुष्व सुखशयनम्।
रवनन्दितसकलमनः किंकिणियुतरौप्यशृङ्खलासक्ते॥६॥
रत्नखचितपर्यङ्के हाटकरचिते सुलीकासहिते।
रहिते जनैस्त्वद्देहमृदूपबर्हे महाधनोल्लासे॥७॥
आकर्णय विज्ञाप्तिं ज्ञप्तिं मे देहि जानकीजाने।
जाने यया कृतार्थः प्रार्थयितुं त्वां भवानि विदितार्थः॥८॥
रचिता पूजापि न ते मयि त्वं तथापि कुरु करुणाम्।
करुणाम्भोधे बालं कृत्वाघजालं पितेव परिपाहि॥९॥
अस्तसमस्तक्षितिभर भर मां राघव भवामि संत्रस्तम्।
न्यस्तं येन पदयुगे मस्तकमजितद्युरुपेक्षते कस्तम्॥१०॥
सकलान्तरगमदन्तरभृङ्गः सक्तस्तवाङ्घ्रिकञ्जेऽस्तु।
वस्तुज्ञानिषु सङ्गः करुणापाङ्गात्स्मरादिभयभङ्गः॥११॥

॥इति शयनोत्सवः॥

१०. श्रीरामप्रबोधोत्सवः

॥श्रीगुरुर्जयति॥

श्रीमद्द्रुहिणनुत श्रीनाथ सुराधीश वसुमतीनाथ।
मदनजनक कुशलसदन जयद शिलोद्धारिपादपङ्कज जय॥१॥

उदितः पूषा दोषायातं जातं प्रभातमज तात।
मारुतसुतविनुत विभो दर्शय वदनं तवेश सुखसदनम्॥२॥

उत्तिष्ठ श्रीरघुवर संतिष्ठन्ते बहिः सुबन्दिजनाः।
प्रार्थयमानाः सेवकसार्थमनास्थं विलोकय त्वमिति॥३॥

शृङ्गारितसकलाङ्गा जवनास्तुरगाः स्यदेन जितपवनाः।
द्विरदाश्चारुसमरदा मत्ता बहवोऽपि सृणिधरायत्ताः॥४॥

हेमपरीतशताङ्गा हेमदहरसूतयोजिततुरंगाः।
करधृतकनकसुदण्डाः कञ्चुकिनस्ते पराधिधृतदण्डाः॥५॥

धृतकनकान्तसुदण्डाश्चाराः संविदितनीवृदाचाराः।
कर्णविधृतलेखनिका लिपिकरनिकराः प्रवृत्तिपत्रकराः॥६॥

सचिवा गोपाः सभ्या आयुधिकौघाश्च वाहिनीपतयः।
धनिका रणिजो मल्लाः कृतिनो वीरा अनेकबिरुदधराः॥७॥

रत्नखचिततपनीयप्रघटितपादयुग्रं च बहुसुभगम्।
आतपसंतापहरं छत्रं सुसितं सुवर्णदण्डयुतम्॥८॥

दार्वाघाटतनूरुहरचितं चामरयुगं कनकमुष्टि।
धनूरसितूणीचर्मप्रमुखसुशस्त्राणि शीर्षकं वर्म॥९॥

कनकप्रान्तसुवसनं चक्रभ्रमि चाज्यभाजनं मुकुरम्।
नानाविषयसमागतमुपदानिचयं प्रगृह्य भसंजनाः॥१०॥

नरपतिदूताः सूता विबुधाः कवयश्च गायका मगधाः।
द्विजकार्तातिकभिषजो वत्सयुता गौश्च शिल्पिनोऽर्थिजनाः॥११॥

दन्तविशोधनमाहृतमुष्णं सलिलं सुवस्त्रमतिमृदुलम्।
क्षालय मुखमुपविश भो सिंहासनमुत्तरीयमृदुवसने॥१२॥

११. संस्कृत-आरार्तिक्यम्

१.

जय देविजय देवि विन्ध्याचलवासिनि
मातः पालय पालय पालय मां केशवभगिनि॥धृ.॥
जयदे निरुपममहिमेऽखिलजगदाधारे
चक्राद्यायुधहस्ते दैत्याचलभिदुरे
दन्तावलिगामिन्ययि पञ्चाननपत्ने
हैमाम्बुजमध्यस्थे शम्बरशिशुनेत्रे॥१॥
अघहे दैत्यविनाशिनि सुरसंस्तुतचरणे
माध्यसुकलिकारदने सुखसागरपूर्णे।
बिम्बोपमरदवासे विन्ध्याचलसदने
अगणितगुणसंघाते राकाशशिलपने॥२॥
निजसेवकवरदायिनि चपलासंकाशे
शशिधरखण्डं बिभ्रति शुभमस्तकदेशे।
कम्बुग्रीवे सदये मंजुलमृदुहासे
सिद्धेश्वरसद्गुरुहृत्पङ्कजकृतवासे॥३॥
जय देवि जय देवि विन्ध्याचलवासिनि
मातः पालय पालय पालय मां केशवभगिनि॥

२.

जय देव जय देव जय राघव सततम्।
परिपालय दीनं मां पदभजने निरतम्॥धृ.॥
त्वां गायन्तं भन्द्रं भास्करकुलचन्द्रं
वारितकिंकरतन्द्रं पालितविबुधेन्द्रम्।

पदनतमस्तकचन्द्रं स्थावरजगदिन्द्रं
तारितयातुकपीन्द्रं करुणाजलसान्द्रम्॥१॥जय.॥

दन्तावलिजितकुन्दं सच्चित्सुखकन्दं
मोक्षामृतनिष्यन्दं मुनिहृदयानन्दम्।
शिवहृत्पद्ममिलिन्दं हतदानववृन्दं
तनुकृतमन्मथनिन्दं भर मामतिमन्दम्॥२॥जय.॥

अम्बुधितारितशैलं दशरथनृपबालं
राक्षससमुदयकालं सोदकघननीलम्।
सीतास्याम्बुजलोलं विद्युन्निभचेलं
अत्यन्ताद्भुतलीलं रामार्भकपालम्॥३॥जय.॥

३.

जय देवि जय देवि जय रुक्मिणिकान्ते
भीमरथीतटनिवसद्विठ्ठलविभुकान्ते।
पूरितनिजजनकामे विद्युत्तनुकान्ते
जय सकरुणहृदये कुरु वासं मत्स्वान्ते॥१॥

देवि त्रिभुवनमातर्निर्जितशशिवदने
ताटङ्काङ्कितकर्णे नीलोत्पलनयने।
बिम्बसमाधरदीपकसितसुस्मितरदने
चारुकपोले ललिते मुनिवरकृतनमने॥२॥

वेणीभूषामणिगणदीप्युल्लसदलके
भालविशोभितकुंकुमकस्तूरीतिलके।
मुक्तालोहितरत्नाञ्चितनासानलिके
रत्नग्रैवेयालंकृतदरसमगलके॥३॥

नीलनिचोले वक्षःस्थलगतमणिमाले
वलिवल्गूदरभासककांचीमणिजाले।
हरिमध्येऽमृतपूरितपरस्तनयुगले
कटिशोणांशुकविनिहितसवलयकरकमले॥४॥

पृथुतरजघने निजपददासजनाभयदे
नूपुरमण्डितचरणेऽमरपालनबिरुदे।
संसारागाधाम्बुधिमज्जज्जनकरदे
रामपदाम्बुजमधुकररामाभिधवरदे॥५॥

४.

जय जय देशिकवर जय सिद्धेश्वर योगिन्
मोक्षरसायनदानप्राणितभवरोगिन्॥धृ.॥

हालाहलमिव मारकमेतत्खिलकर्म
तन्मारकतां हित्वा येन दिशति शर्म।
वैद्यकरार्पितविषमिव हित्वा निजकर्म
उपदिशसि निजाङ्घ्रिविनीतलोके तन्मर्म॥ जय जय १॥

त्वत्पादवारिजयुगले यस्य मनो लीनं
गृहदेहाप्तसुहृत्स्त्रीकामविहीनम्।
कृत्वा मृत्योः पासि च तं जलमिव मीनं
माताशिशुमङ्गमिव च पालय मां दीनम्॥जय जय॥२॥

सत्यं ज्ञानमनन्तं ब्रह्मातिजडमसत्-
प्रकृतिविलक्षणगुणकं सकलं जगदेतत्।
ऐक्यं येन तयोः स्यात्धत्से ज्ञानं तत्
कौशलमीशस्तेऽहं कथये कियदेतत्॥जय जय.॥३॥

क्षीरं नीरं हंसः पृथगपि विचिनोति
तद्वत् प्राकृतपौरुषभागं विभजन्ति।
ऐक्यं न परन्तु तयोः कर्तुं प्रभवन्ति
कौशलमेतत्त्वत्तोऽन्यत्र न संभवति॥जय जय॥४॥

शैवास्त्वामिह देशिक शिव इति मन्यन्ते
हरिरित्यन्ये शाक्ताः शक्तिरिति ब्रुवते।
ब्रह्मेति च साधुगणस्त्वामखिलो मनुते
श्रीराम इति च नारायण इह निश्चिनुते॥५॥

५.

जय भगवन् भो भगवन् श्रीमद् गुरुरामं
वन्दे जगदभिरामं पूरितभवकामम्।।धृ०।।

लीलाविग्रहधारं भक्ताघौघहरं
हरिहृत्पङ्कजकीरं कृतलोकोद्धारम्।
भजकाभयदातारं प्रापितभवपारं
मारादिकरिपुमारं भज एकद्वारम्।।१।।जय०।।

तनुकृतमन्मथवैरं सिद्ध्यन्वयहीरं
अगणितगुणकूपारं निजजनमन्दारम्।
सकलाविद्याधारं विद्वन्मनुजधूरं
सेवकयुक्ताकारं मुनिजनपरिवारम्।।२।।जय.०।।

सर्गस्थितिलयकारं सर्वामरवीरं
तप्तसुहेमशरीरं दुर्जनभीतिकरम्।
यशसा जितधातारं निगमागमसारं
श्रीमत्कृष्णकिशोरप्रतिपालनचतुरम्।।जय भगवन्०।।३।।

६.

उद्यद्दिनकरवदने शशिशेखरसदने
बुधजनशरणे वरुणे परिशिव-आवरणे।।१।।
जय देवि जय देवि जय शाकंभरि दुर्गे
मां परिपालय जननी विदलितरिपुवर्गे।।धृ०।।

करुणापारावारे निजजनमन्दारे
विपिनान्वित-आगारे भवकृतसुखसारे।।जय०।।२।।
भेदाभेदविभेदे मुनिमन-आमोदे
सच्चित्पर-आनन्दे जय परमानन्दे।।जय०।।३।।
निर्गुणगुणसुखसारे निर्जरपरिवारे
चिन्मयरूपविहारे श्रुतिपथ-आधारे।।जय०।।४।।
अजनिर्जरसुखसरिते विधिहरसुरजनिते
निजजनसुखसंवलिते मुनिमन-आकलिते।।जय०।।५।।

विद्याविद्याधारे निगमागमसारे
मामव जननीजनिते अभिनव-परिवारे।।जय०।।६।।

सिद्धेश्वरवरदायिनि जय विश्वाधारे
भक्तानुग्रहकारिणि निजजनमन्दारे।।जय देवि जय देवि०।।७।।

१२. संस्कृतप्रकीर्णश्लोकाः

श्रीविष्णोः कमलासनश्च सनकाद्या यत्ततो नारद-
स्तेभ्यो व्यासमुनिस्ततः समभवत्तस्माच्छुको योगिराट्।
पूर्णानन्दयतीश्वरोऽपि विजनस्थायी ततोऽभूत्ततो
ज्ञानानन्दयतिस्ततोऽमृतगुरुस्तस्मात्तु सिद्धेश्वरः॥

इति श्रीगुरुपरंपरा

यस्य ज्ञानामृतांशोर्भवरविकिरणत्रासविच्छेददीक्षा
सद्वाणी चन्द्रिकेयं शरणजनमनोध्वान्तमुन्मूलयन्ती।
कामादिस्तेनपङ्क्तेः श्रुतसरणिगता वारयन्ती प्रचारं
सोऽयं श्रीसिद्धराजो जयति मुनिजनाम्भोजसंतोषकारी॥१॥

सच्छिष्यौघचकोरपारणपटुर्धर्मौषधीवृद्धिकृत्
त्यक्ताचारमलिम्लुचात्यसुखदः सत्यङ्कजानन्दकः।
मोहध्वान्तनिवारपेशलकरः संसारतापापहा-
नं कोऽयं द्विजनायको विजयते सिद्धेश्वराख्यो मुनिः॥२॥

शान्तः शृङ्गारहास्याद्भुतविकृतदयाभक्तिभीमोग्रवीरा
राज्यत्यागेऽङ्घ्रिदास्ये जनकजनिकृते पादगत्यां पयोधौ।
गिर्युत्तारेऽक्षपाटाविकृततनुकृतौ शत्रुबन्धौ कपीन्द्रेऽ-
ब्धौ कोपे कोणपान्ते रणशिरसि रसान् दर्शयन् पातु रामः॥३॥

यस्यां विश्वमिदं विभाति सलिलं, भानोः कराल्यां यथा
काले सोऽपि यदात्मको न च यतो द्रष्टापि तस्येतरः।
इत्थं सत्यपि भासयत्यतितरां न स्वाश्रयाद्याः पृथग्
यस्यैषाद्भुतशक्तिरस्ति महते तं राममीशं भजे॥४॥

गङ्गा भास्वन्नखालिस्तलमरुणमियं भारती नीलपृष्टं
कालिन्दीति त्रिवेणी शिवहृदयभुवि प्रेम चाक्षय्यवृक्षः।

अब्जाङ्कास्तरङ्गा मुनिवरमनसां स्नानयोग्यामृते स्यां
देहत्यागं जनानाममृतमिह रघूत्तंसपादप्रयागे॥५॥

संदग्धं मुनिशापतो यदुकुलं तद्वंशमप्युद्धवं
स्वीयं वाक्यमृतं विधातुममरं कृत्वा न मे त्वत्समः।
स्वो देहः प्रिय उक्तवाननिति निजं तत्त्याज्य सद्विग्रहं
लोके दर्शितमात्मनो निजजने वात्सल्यमीशेन तत्॥६॥

ध्यानात्तन्मयतामवाप गिरिशः श्रीसत्त्वमूर्तेर्हरेः
श्वेतो वर्ण इतो भवत्स्फटिकवच्छंभोर्मृडानीपतेः।
गोविन्दोऽपि तमःप्रधानगिरिशध्यानादभूत्तन्मय-
स्तस्मात्सोदकमेचकतनुसमो जातो जगत्पालकः॥७॥

वियद्गद्वङ्गा विष्णोश्चरणकमलाम्भोजवसतिः
कथा मुख्यं तीर्थं विलसति तथा संजिगमिषुः।
बहिर्नेत्रद्वारा प्रसरति यतः प्रेमलहृदि
प्रभुः सीतानाथो वसति सततं तेन विदितम्॥८॥

स्वभक्तानां प्रेम्णः स्वयमनुभवं प्राप्तुमजितो
निजैश्वर्यं दत्त्वेच्छति निजजनेभ्यो न खलु ते।
षडैश्वर्योपेतस्तदपि परिगृह्णाति भगवान्
सपर्यामेतेषां जगति कुरुते नूनमखिलाम्॥९॥

सहस्रकरवंशजं हरिमजस्रसौख्यप्रदं
समस्तनृपभूषणं शरनिरस्तरक्षोगणम्।
अनङ्गजनकं मुदा मुनिवराङ्गनाशापहृत्
पदाम्बुजमहर्निशं भज सुकम्बुकण्ठं नमः॥१०॥

वरप्रदकराम्बुजावनिसुतार्चिताङ्घ्र्यम्बुजे
सुरासुरधरामरप्रमुखगीतकीर्तौ सदा।
स्वभक्तगणसंकटाहरणशील-ईशे मुदा
मनो विहर निरभृद्रुचिरवर्ष्मणि ब्रह्मणि॥११॥

द्रुतं भवभयं द्रुतं कृपणपाल पाहि श्रुतं
श्रुतं न भुवि विश्रुतं तव पदं स्मृतं नाच्युतम्।

ऋतं वचनमादृतं तव न नाम नामामृतं
कृतं न विहितं कृतं विषयिणा मया दुष्कृतम्॥१२॥

सदा शिवहृदालये समसुहृत्तमे चित्तमे
मनोभवमनोहरे भुवनपालके चालके।
शराहतसुराहिते दुरितहारके तारके
रतं भवहितं कुरु क्षितिसुतावरे मावरे॥१३॥

शुचिस्फटिकवर्णभृन्निजतनुः स्वयं संततं
रघूत्तमसुनामसंस्मरणशील ईशस्ततः।
घनाघनसमासिता रघुपमूर्तीरास्ते गले
ततोऽस्य शितिकण्ठता न विषतोऽत्र युक्तिःसति॥१४॥

यस्यां धर्मशिला गया सुरशिरः संस्थापिता यत्र त-
च्छ्रीविष्णोश्चरणाम्बुजातममलं सा कन्दरी दृश्यते।
यत्रोद्दिश्य यदीयनाम कुरुते पिण्डप्रदानं नर-
स्तस्यानन्तसुखाप्तिरच्युतपुरी सा श्रीगया राजते॥१५॥

गङ्गा वक्ति करोमि शंकरमहं कालिन्दिका केशवं
तद्वत्सापि सरस्वती द्रुहिणमित्येवं त्वदीये जले।
स्नातुं मानवमुद्यतं हि तिसृणां दृष्ट्वा भणत्याहवः
केशाकेशि तदद्भुतोऽस्ति महिमा किं वर्ण्यते वेणि ते॥१६॥

नानावतारा जगदीश्वरस्य
श्रीरामकृष्णौ खलु तेषु पूर्णौ।
तयोर्ममास्ते न हि भेदबुद्धि-
स्तथापि भक्तिर्जनकात्मजेशे॥१७॥

काश्यां पापकृतः प्रशास्ति भगवान् यो यातनाभिर्भृशं
काश्यां भक्तिमतां ददाति सकलं यात्राफलं दर्शनात्।
काशीवासकृतां चतुर्विधपुमर्थान्यो दिशत्याशु तं
काशीपालमहं भजाम्यनुदिनं देवं महाभैरवम्॥१८॥

पाशं नागभवं कपालवरदे खट्वाङ्गकं वामगैः
शूलं चाभयदं महाडमरुकं हस्तैःसृणिं दक्षिणैः।

बिभ्रद्दिग्वसनो सितस्त्रिनयनो दंष्ट्रातिभीमाननः
पायादूर्ध्वकचावलिः फणिलसद्भूषो महाभैरवः॥१९॥

श्रीरामं पद्मनेत्रं भजकभयहरं भक्तिमात्रैकगम्यं
भूजा वक्त्राब्जचन्द्रं गिरिशनुतपदं देवदेवं शरण्यम्।
सच्चित्सौख्यैकसिन्धुं द्विजवरमखसंपालकं वेदवेद्यं
रक्षःसंघाचलेन्द्रं सुरवरनमनं मारुतीशं प्रपद्ये॥२०॥

श्रीराम घनसंकाश वरदापरमाधिप।
वन्दे सदा ते पादाब्जे श्रीराघव रमापते॥२१॥

श्रीशिवारमणेशान संघुष्टोत्तमनायक।
यमादिशासनकर पाहि श्रीरघुनायक॥२२॥

उत्पन्नैः कर्मभूमौ स्मरहरनगरी काशिका यैर्न दृष्टा
वाचि श्रीरामनाम त्रिजगदघहरं नास्ति येषां कदापि।
प्राप्यैनं मर्त्यदेहं गुरवरचरणाः सेविता यैर्न मन्दै-
र्धिक्तान् धिक्तान् धिगेतान् इति वदति सदा कीर्तनस्थो मृदङ्गः॥२३॥

यत्कीर्तिर्गगनान्तरे लसति येनाब्धौ शिलास्तारिता
यत्तेजः प्रतपत्यरीन् प्रहसितं यस्याऽखिलाह्लादकम्।
यन्नामस्मरतां ददाति कुशलं रामाय तस्मै नमः
तारावत्तरुबर्हवतरणिवत्तारेन्द्रवत्तारवत्॥२४॥

करुणापाङ्गनिर्धूतपदलीनाघसंहतिम्।
अपरोक्षानुभवदं सिद्धेश्वरगुरुं भजे॥२५॥

श्रीमत्सिद्धेशयोगिन्निरुपममहिमन्नित्यकल्याणमूर्ते
तुर्यावस्थानिवासाखिलविबुधजनस्तुत्यपादाब्जयुग्म।
सर्वात्मज्ञानदूरीकृतभवजगदन्तस्थितानन्दवार्धे
संसाराब्धौ निमग्नं शरणमुपगतं पाहि दीनं दयालो॥२६॥

सच्चिद्रूपं सत्स्वरूपावलम्बं लोकश्रेष्ठं नित्यसौख्यैकसिन्धुम्।
कारुण्योधैः पन्नतां तारयन्तं लीलादेहं नौमि सिद्धेश्वराख्यम्॥२७॥

प्रह्लादः पितृपीडनान्नरहरे दुःशासनाद् द्रौपदी
नागेन्द्रो मकराननात्करुणया भक्ताभयात्संसृतेः।

देवेन्दोऽसुरभीतितो मधुरिपो दीनाहनान्रक्षितः
श्रुत्वैवं शरणागतं रघुपते गोविन्द मां मोचय॥२८॥

वाल्मीकिर्विपरीतनामकथनान्मुक्तस्तथा जामिल-
स्त्वन्नामस्मरणेन पुत्रमिषतः पुत्रः पुराभूत्किल।
श्रुत्वैवं तव नामकीर्तनफलं नामोच्चरन्तं सदा
पाहि श्रीरघुनायकस्त्वदपरं नास्त्येव मे दैवतम्॥२९॥

वेदोद्धरागधर भूमिधरासुरोरः
सदारबाणपितृजिन्नृपवंशनाश।
इन्द्रारिहन्विजयमित्र मखादिनिन्द
म्लेच्छान्तक त्वमव रामदशाकृते माम्॥३०॥

श्रीरामं जगदेकपालमपरं दुःखानलाम्भोधरं
विद्वन्मानसपङ्कजेन्दुममलक्षोणीसुतावल्लभम्।
पौलस्त्यादिनिशाचरावलिवधे दक्षं सुरैः संस्तुतं
वन्देऽहं भवभेदिनं रघुवरं पादान्नतोत्तारकम्॥३१॥
श्रीरामाख्यः परमपुरुषः स्वीयभक्तार्तिहायं
सीतानाथः सुरवरचयस्तुत्यपादारविन्दः।
वेदज्ञेयो दशरथसुतः पारिताशेषकामः
कारुण्याब्धिर्भवतु भजतां भूतये नो वरीशः॥३२॥
गोगोपनारीचेतोहारी सवेणू रावेण।
वृन्दाविपिनविहारी कौस्तुभधारी प्रभुर्हरिर्जयति॥३३॥
पङ्केरुहदलनयनं कलिमलशमनं सुनीलसंहननम्।
दैत्यारिं सुखसदनं फणिरिपुगमनं विभुं हरिं वन्दे॥३४॥
निर्जितशशधरवदना मृगपतिवहनाविराजमाना या।
सा विन्ध्याचलसदना किल्बिषदहना शिवा शिवं तनुताम्॥३५॥
मेचकनीलश्यामं मनसिजवामं सुपर्ववन्द्यन्तम्।
गोविनन्दं हृदभिरामं वन्दे रामं दशाननारातिम्॥३६॥
वामे सीता पुरतो हनुमान् पृष्ठे सुलक्ष्मणो वीरः।
भरतरिपुघ्नौ पार्श्वद्वन्दे मध्ये भजामि रघुवीरम्॥३७॥
सुधेशास्य निजपापभवाद श्रीशिवप्रिय।
घनाभरावणश्रीहृत् श्रीराघव दयानिधे॥३८॥

संसारसागरमपारमपारयन्तं,
तापत्रयावृतमनुक्षणदुःखभाजम्।
दीनावनव्रतविभो करुणस्वभाव
स्वामिन् सदानुकृपया समुदीक्षसे माम्॥३९॥

हे श्रीश हे सुखद हे कमनीयमूर्ते
हेऽनन्त हे वरद हे सुरगीतकीर्ते।
हे राम हे रघुप हे हृतसेवकार्ते
स्वामिन् कदानुकृपया समुदीक्षसे माम्॥४०॥

अबुद्ध्वा बुद्ध्वा वा किमपि सुकृतं नाचरमहं
सकामो कामो वा तव पदसपर्यां न कृतवान्।
न मत्तो मर्त्तोऽन्यो रघुप विषयासक्तमनसः
सपापापापानां गतिद न दयालुस्त्वदपरः॥४१॥

त्वदन्यो नाधारो रघुवर ममेतीदमनृतं
वचः सत्यं वेत्थं सकलहृदयान्तस्थ भगवन्।
विचार्यं सर्वज्ञानुचित मयि कारुण्यजलधे
तवौदासीन्यं श्रीवर मयि पदाम्भोजशरणे॥४२॥

दयालो यो लोके पतितजनतापत्रपहरो
निरङ्को रङ्काणां वितरति पदं शाश्वतसुखम्।
विनाको नाकाधीश्वरनुतजलान्ता सरिदलं
तवादः पादोदं तदिति न भजेऽहं त्वदपरम्॥४३॥

न विश्रान्तिस्थानं जलधिगतनौस्तम्भखगवत्
विना त्वत्पादाब्जं सकलजनसंतापशमनम्।
शिला धूलिस्पर्शान्मुनिवरवधूर्यस्य समभूत्
सकृन्मात्राभागादपि सकलकल्याणसदनम्॥४४॥

१३. संस्कृतगीतानि

१

श्रीरामचन्द्रं पांतकपीन्द्रं
करुणासान्द्रं भज मम चेतः॥१॥

यातुविदारं परमोदारं
स्वजनमन्दारं भज मम चेतः॥२॥

हृदयविहारं भुवनाधारं
अहल्योद्धारं भज मम चेतः॥३॥

लक्ष्मीवासं रुचिरविलासं
चन्द्रसुहासं भज मम चेतः॥४॥

दशरथबालं त्रिभुवनपालं
दशमुखकालं भज मम चेतः॥५॥

अद्भुतलीलं करुणाशीलं
रामावनलोलं भज मम चेतः॥६॥

२

पालय राघव देव विष्णो
पालय जिष्णो....(धृ)
सकलसुराधिपपूज्यपदद्वय
कञ्जलोचन वासुदेव॥१॥

रतिधवशतसमरुचिरतराङ्गक
दितिसुतकाननदाव॥२॥

श्रीवत्साङ्काशीविषभोजन-
वाहनाधिष्ठितभाव॥३॥

पाण्डवकुलसंकटहरणाच्युत
माधवप्रकटप्रभाव॥४॥

रामकविं निजशिशुमतिकृपया
केशव शीघ्रं पालय॥५॥

३

पाहि दीनं मां जय जय जय कृष्णो (धृ.)
पालनमिह मामागस्कृतमपि
जननी सुतमिव नाथे भवता॥१॥

मादृश इतरः पूर्वं पापी
जातो भविता न वा त्रिभुवने॥२॥

त्वन्नीरैकस्नानमात्रतः
स्पर्धत इह ना सकलत्रिदशैः:॥३॥

चरणनलिनजा गङ्गा भुवनं
पुनाति वच्मि त्वं तनुरसि किम्॥४॥

तारय रामं पावनीति वा
त्रिभुवनगीतं जहिहि बिरूदं॥५॥

४

हे रघूत्तम हे रघूत्तम
पालय देहि मे निजसुखधाम (धृ.)।
दीनजनपालक विष्णो।
मार्तण्डान्वयाम्भोनिधिसोम॥१॥

निजगुणसमुदयवर्णनदूरीकृत-
भवजलप्रतिमश्याम॥२॥

तारय संसृतिजलधौ मग्नं
रामकविं निजशिशुमिह राम॥३॥

५

रामं भज जनाः
सजलजलदसमप्रभम् (धृ.)
विपुलदयाशेविधिं
मुनिजनहृत्कलानिधिम्॥१॥

दूरीकृतपापचयं
वारितनिजभजकभयम्॥२॥

विधृतशरशरासनं
विकचजलजनिभाननम्॥३॥

रामाह्वयभृत्यपतिं
विहतविबुधदुःखततिम्॥४॥

६

रामं धराधरश्यामं सुषमं रक्षितमुनिधर्मं
परमं सकलजनाभिरामं वन्दे रघुरामम्॥१॥

अपरं करुणाकूपारं धीरं भवतारणचतुरं
मधुरं योगिहृदम्बुजसूरं वन्दे रघुवीरम्॥२॥

क्षितिपं निर्जरजनगोपं कपिपं सितकोणपदर्पं
गोपं निजरामांहोनिलसर्पं वन्दे रघुदीपम्॥३॥

७

भज रामं जलदश्यामं
मुनिहृत्पङ्कजसोमम्॥धृ.॥
रविसंततिमण्डनहीरं
रावणजलदसमीरम्॥१॥

अनुकम्पागोपितलोकं
नाशितनिर्जरशोकम्॥२॥

परिपालितसेवकरामं
मारशताधिकवामम्॥३॥

लालितपङ्कजसंभव
विनिहतराक्षसवृन्द॥४॥

मुनिवरषट्पदसमुदयपीत-
पदयुगलकमलमरन्द॥५॥

अतसीकुसुममश्यामसुकान्ति-
तनूकृतजलदविनिन्द॥६॥

रामाह्वयकविवरंदरघूत्तम
शिवमनःपद्ममिलिन्द॥७॥

८

वरद दत्तात्रेय जय अवधूत।धृ,
कन्थाकुण्डलकौपीनासनचर्मकिरीटयुत॥१॥

भस्मकमण्डलुदण्डसुपादुकापन्नगहारधर॥२॥

लिङ्गमात्रसुममालाधारक गर्भकविष्णवतार॥३॥

भक्तदुरितहर देव सुषट्कर सेवकराम विभो॥४॥

९

भूमिसुतामुखपङ्कजभृङ्गो रामो मे दैवम्।
शंभुहृदम्बुरचारिविहङ्गो रामो मे दैवम्।
मुनिवरमानसनलिनपतङ्गो रामो मे दैवम्।
भवभयहारककरुणापाङ्गो रामो मे दैवम्॥१॥

रावणमारणकृतसंतोषो रामो मे दैवम्।
नामोच्चारणहृतजनदोषो रामो मे दैवम्।
पादस्पर्शोद्धृतमुनियोषो रामो मे दैवम्।
पदयुगसन्नतपातकशोषो रामो मे दैवम्॥२॥

शरयुतटगतचारुनिवासो रामो मे दैवम्।
भक्तजनाभयदानविलासो रामो मे दैवम्।
पूर्णेन्दुकान्तिविनिन्दकहासो रामो मे दैवम्।
पालितरामाभिधनिजदासो रामो मे दैवम्।

५

विहर रघूत्तंसे मानसभवभयविध्वंसे
मानस,।धृ,।
अगणितगुणपारावारे
दशरथनामकभूपकुमारे॥१॥

मुनिगणचकोरशशाङ्के
सीतामहिषीसुविलसदङ्के॥२॥

वनगतिमिषहृद्बहुजनशापे
नामस्मृतिवारिततापे॥३॥

कञ्जभवादिपूजितपदयुगले
चिन्मुद्रावरयुतकरकमले॥४॥

रक्षितपदपरिचारकरामे
दशवदनादियातुविरमे॥५॥

पुत्रप्राप्त्यर्थं श्रीकृष्णमन्त्रजपविधानम्।
(श्रीसद्गुरुसिद्धेश्वरप्रणीतम्।)
ओं क्लीं देवकीतनयानन्द वासुदेव जगत्पते।
देहि मे तनयं कृष्ण त्वामहं शरणागतः।इति॥

III. OTHER WORKS

१. कुण्डवेदिकाकृतिः

श्रीगणेशाय नमः।

नत्वा रामं सद्‌गुरुं चाग्निहोत्र-
वेदेः कुण्डानां कृतिं संप्रवक्ष्ये।
कुण्डेन्दोः प्राक्कुण्डभूमीफलानि
ज्ञेयान्यत्राङ्काः क्रमादङ्गुलाद्याः॥१॥

शाला स्यात्पङ्क्तिखेटद्विपकरविमिता वेदकोणा समाना
दीर्घा हस्तैर्नखैर्वा दशकरवितता तत्र मुक्त्वावकाशम्।
प्रत्यग्भागे सुशङ्कुं निखनकरमितं वृत्तमस्मात्प्रसाध्यं
कुण्डं चैतस्य मध्याद्वसुषु रविषु वा शंभुषु प्रक्रमेषु॥२॥

प्राक्शङ्कोः स्याद्युगास्त्रं करमितमुभयोर्मध्यमानस्य रज्जोः
षोढा वा सप्तभागं तु विधुलवयुजास्त्रंशितस्यापराङ्के।
याम्याकृष्टे सुशङ्कोर्नवयुगशरतश्चोत्तरे शङ्कुरस्मा-
दिन्द्वर्धं हस्तमानं धनपदिशिहृतं त्रीणि कुण्डानि चैषाम्॥३॥

नर्यः शंस्यस्त्वथर्यः शिवविदि तथौपासनस्यापि वृत्तं
वायव्यां सभ्यवृत्तं त्विति बुधगदितं पञ्च चैका लये चेत्।
यद्यष्टप्रक्रमाः स्युः पदमितविमितां गुल्फयोर्नर्यशंस्य
प्राक्प्रत्यक्प्रान्तगान्तोदितविमितिगुणस्यापरे याम्यकृष्टे॥४॥

अङ्के शङ्कोरुदग्यो नृपगुणलवतः शङ्कुरस्मान्नृपालै-
र्वृत्ते तावत्युदक्स्यादगुणत इह हृतादुत्तरार्धादथर्यः।
वार्ष्टौ वह्न्यन्तमध्ये परविमितिपदे नाथदा तत्कृतिःस्या-
त्प्रागङ्के तस्य रज्जोरुदगिह विहृते शङ्कुतश्चोत्करः स्यात्॥५॥

वाग्न्योर्मध्यत्रिभागा परलवयुगलोन्मानवार्ध्यस्त्रमस्य
श्रोण्यामग्निस्त्वपाच्यामुदगिहगदितश्चोत्करोंसे सुवृत्तः।

षट्ढस्ते च द्विपाशे गुणक इह करद्वन्द्वके चाङ्गुलानां
षट्के धृत्युन्मितेषु त्रिषु च शरमिताङ्के तु शंश्यस्य शङ्कोः॥६॥

प्राक्प्रान्तस्थाच्च पश्चान्त्रिकरपरिमिते शङ्कुरत्र द्विपाशौ
युक्त्वा षट्चिह्नकृष्टे यमकरविमिते कीलकौ सौम्ययाम्यौ।
तद्वेदेः श्रोणियुग्मं त्वथ धृतिविमिते मध्यमे दक्षिणोदक्-
कृष्टेऽङ्के सार्धहस्तेंऽसयुगमिह भवेच्छङ्कुतस्तच्च रज्वा॥७॥

कुर्यात्संवेष्ट्य लेखां तदुदधिलवतः प्राक्स्थशङ्कोस्तु शङ्कू-
कोणो संवेष्ट्य पश्चान्नृपलवरचिते वृत्तखण्डे च ताभ्याम्।
यद्वा तच्छङ्कुमध्याम्बुधिलवरचिते संग्रहौ तौ च वेदे-
स्त्यक्ते मौत्र्यङ्गुलां तां परिखनगदितं कार्यमेवं वितानम्॥८॥

॥इति श्रीरामचन्द्रपण्डितविरचिता श्रौतकुण्डवेदिकाकृतिः समाप्ता॥

श्रीमद्रामचन्द्रपण्डितविरचितो

२. वृत्ताभिरामः

प्रथमोऽध्यायः

श्रीगणेशाय नमः।

श्रीमत्सीतारमणं सुरनुतचरणं जगत्त्रयीशरणम्।
प्रणताभीतिवितरणं निरुपमकरुणं नमामि भवहरणम्॥१॥

करुणार्द्रीकृतनयनं सुहसितवदनं स्मरादिरिपुदमनम्।
दासमनोमलशमनं निजसुखसदनं स्वदैशिकं वन्दे॥२॥

श्रीपिङ्गलाद्युक्तलक्ष्मछन्दोज्ञानस्य सिद्धये।
वृत्ताभिरामनामायं ग्रन्थो रामेण रच्यते॥३॥

छन्दोज्ञानं विना काव्यमुपहासास्पदं भवेत्।
वृत्तलक्ष्म ततो ज्ञेयं काव्यज्ञै रसिकैः सदा॥४॥

एकमात्रस्य संज्ञा लोल् लघुमात्रेत्यथो लघुः।
सानुस्वारो विसर्गान्तो युक्ताद्यश्च द्विमात्रकः॥५॥

सगुरुर्गोगूर्गुर्हलन्तोन्ध्यन्तस्थश्च लघु क्वचित्।
पादादिस्थे तु संयोगे गुरुता न क्वचिल्लघोः॥६॥

मात्रागणस्तु मात्राणां चतुष्कं स तु पञ्चधा।
गौगान्तिमो गमध्यश्च गादिमश्च चतुर्लघुः॥७॥

सर्वगुरुः१	गान्तः२	गमध्यः३	गादिः४	चतुर्लघुः५
ऽऽऽ	॥ऽ	।ऽ।	ऽ॥	॥॥

पादो वृत्तचतुर्थांशो गुरुर्वक्रोऽ लघुर्ऋजुः।
मयौ रसौ तजभना अष्टौ वर्णगणास्त्रिकाः॥८॥

त्रिगुरुर्मो लादिमो यो मध्यलो रोऽन्तगुस्तु सः।
लान्तिमस्तो मध्यगो जो गादिर्भास्त्रिलघुस्तु नः॥९॥

धीश्रीस्त्री मो वरासा यः कागुहा रः कदास जः।
सातेक्वन्तः किंवद भो वसुधा सो नहात्स नः॥१०॥

मगणः१	यगणः२	रगणः३	सगणः४	तगणः५	जगणः६	भगणः७	नगणः८
SSS	ISS	SIS	IIS	SSI	ISI	SII	III

तदुदाहरणायैतान्यक्षराणि तु पैङ्गले।
निर्दिष्टानीह तान्येव यद्यत्स्थानस्थितानि च॥११॥

तत्र तत्रैव तद्वृत्ते ग्रथ्यन्ते बोधसिद्धये।
छन्दोऽनभिज्ञा अलसास्तदर्थोऽयं मम श्रमः॥१२॥

मात्राछन्दःसु मात्रैकगणस्थान्यगणस्थया।
मात्रया यदि युक्ता स्याद्गणभङ्गः स ईरितः॥१३॥

यतिर्विरामो भवति तेन वृत्तस्य रम्यता।
यद्वृत्तं पठने रम्यं नैव तन्नेह कथ्यते॥१४॥

यतिः समस्तपदयोर्मध्ये चान्ते पदस्य च।
मिश्राक्षरस्योत्तरत्र क्वचित्पूर्वत्र वा भवेत्॥१५॥

अतोऽन्यत्र कृता चेत्स्याद्यतिभङ्गः स भाषितः।
दोषयैव स पादान्तेऽन्यत्रोदासीन ईरितः॥१६॥

अयुगोजश्च विषमं समं युग्युग्मसंश्रितम्।
गुणादिसंज्ञास्त्र्यादीनां ज्ञेया ज्यौतिषशास्त्रतः॥१७॥

मात्राछन्दो गणछन्द इति छन्दो द्विधा स्मृतम्।
तत्त्रिधा स्यात्समं चार्धसमं विषममित्यपि॥१८॥

सर्वे पादा यस्य तुल्यास्तत्समं वृत्तमीरितम्।
न पादास्तु दले तुल्ये तदर्धसममुच्यते॥१९॥

असमा यस्य पादास्तद्विषमं नेह लिख्यते।
लक्षणानि सलक्ष्याणि यत्या साकं प्रदर्शये॥२०॥

एकाक्षराङ्घ्रिमारभ्य षड्विंशत्यक्षरावधि।
एकैकाक्षरवृद्ध्या तु समवृत्तेऽङ्घ्रयः स्मृताः॥२१॥

उक्तात्युक्ता ततो मध्या प्रतिष्ठासोः परा च सा।
गायत्र्युष्णिगनुष्टुच्च बृहती पङ्क्तिरप्यथ॥२२॥

त्रिष्टुच्च जगती चातिजगती शक्वरी तथा।
अतिशक्वर्यष्टिरथात्यष्टिर्धृतिरतेः परा॥२३॥

सान्याकृतिश्च प्रकृतिराकृतिर्विकृतिस्तथा।
संस्कृतिश्चाभिकृतिरुत्कृतिरित्यभिधाः क्रमात्॥२४॥

१ उक्ता	२ अत्युक्ता	३ मध्या	४ प्रतिष्ठा	५ सुप्रतिष्ठा	६ गायत्री	७ उष्णिक्	८ अनुष्टुप्
९ बृहती	१० पङ्क्तिः	११ त्रिष्टुप्	१२ जगती	१३ अतिजगती	१४ शक्वरी	१५ अतिशक्वरी	१६ अष्टिः
१७ अत्यष्टिः	१८ धृतिः	१९ अतिधृतिः	२० कृतिः	२१ प्रकृतिः	२२ आकृतिः	२३ विकृतिः	२४ संस्कृतिः
२५ अभिकृतिः	२६ उत्कृतिः						

मात्रावृत्तानि वच्यादो गणनं दांस्यतः परम्।
तत्रादौ समवृत्तानि पश्चादर्धसमानि च॥२४॥

इति वृत्ताभिरामे परिभाषाध्यायः॥१॥

द्वितीयोऽध्यायः

सप्तगणा गुरुसहिता नायुजिजस्तर्क(६) गंनलघुवाजः।
प्रथमेऽर्धे चरमे लः षष्ठो लक्ष्मैतदार्यायाः॥१॥

षष्ठेन्ले स्वर्ग (२१) मिताल्लात्सप्तमके तु सुगत (२४) मितलघुतः।
आद्येऽन्त्य इषुमिते (४) मितेन्ले नृप(१६)मितं लघुत इह
परगयतिः॥२॥

द्वादशमात्रासु यदा दलयोराद्यासु दृश्यते चरणः।
सा पिङ्गलनागोक्ता पथ्यानाम्नी भवेदार्या॥१३॥

गुरुमध्यगौ यदीयौ कदा चेद्धि द्वितीयतुर्यगणौ।
सार्या फणीशमुख्यैः समीरिता नामतश्चपला॥४॥

चपलोक्तलक्ष्मयुक्तं यदीयखण्डं तदादिमं भवति।
आर्यालक्ष्मयुगपरं फणिनोक्ता सा हि मुखचपला॥५॥

आर्योक्तलक्षणेन प्रथमं युक्तं यदीयदलमपरम्।
चपलोक्तलक्ष्मयुक् सा फणीशगीता जघनचपला॥६॥

आर्याप्रथमदलगतं लक्ष्म यदुक्तं तदेव च रभदले।
यस्याः सा पिङ्गलमुखवृत्ताभिज्ञैः समीरिता गीतिः॥७॥

आर्योत्तरखण्डगतं लक्ष्म प्रथमेऽपि भवति यदि।
अर्धे तस्या नामोपगीतिरिरिति गदितमहिपतिना॥८॥

आर्याचरमदलोक्तं लक्ष्म प्रथते दले यस्याः।
प्रथमार्धोदितलक्षणयुक् चरमार्धं च सोदितोद्गीतिः॥९॥

इत्यार्याप्रकरणम्॥

षोडशमात्राश्चरणे गान्त्या मात्रा समकं वमो लश्चेत्।
वावसानिका नहसलयस्यामष्टाभ्यो वा कदा ससा स्यात्॥१॥

यत्र तु कदा सतुर्यायाः स्युः।
यद्वा नहसलविश्लोकोऽसौ॥२॥

पञ्चमवसुमितनवमा लघव-
श्चित्रा फणिपतिगदिता सा स्यात्॥३॥

उपचिता नवमा चेत्परयुक् साष्टाभ्यो वा गोलवरा सा।
मात्रासमकादिकपञ्चगतैः पादैर्घटितं पादाकुलकम्॥४॥
अन्त्यगयमकं ग्मध्यविरहितं नवमगुपं जरिकश्रिधमुदितम्॥

इति मात्रासमकं प्रकरणम्॥

नहसकागुहा॰ नहसकागुहा कागुहालगौ कागुहालगौ।
नहसकागुहा॰ कागुहालगौ कागुहालगौ नहसकागुहा॥
षोडशैवला॰ एवमङ्घ्रिगा दलगतायतिः सा विलासिनी॥१॥

द्वाविंशतिमितः मात्रा अष्टसु मनुषु यतिः।
वृत्ताभिज्ञैः प्रोक्तं मन्मन्थतिलकम्॥

द्वादशभिर्दशभिः केन्मुक्ताफलमाला।
यतिभेदादिह नामद्वितयमेतद्भवति॥२॥

त्रिंशत्परिमितमात्रा यदि चेत्षोडशभिर्मनुभिर्यत्या।
पिङ्गलनागप्रमुखसुधीभिर्मन्मथविलसितमुदितं तत्॥३॥

इति मात्राप्रकरणम्॥

अयुक्तुर्याद्ग्शसा स्युर्युक्तुरीयात्कदा सतु।
सर्वेषाद्यान्नसौ नैतत्पथ्यावक्त्रं युजोर्नरः॥१॥

अयुक्तुर्यात्कागुहास्युः सप्तमो लश्च युग्मयोः।
विपुला युग्मादिका सा तथा रविपुलापि च॥२॥

पदोस्तुर्यात्किवदा चेत्प्रोक्ता मविपुलाऽयुजोः॥३॥

तुरीयतो नहसचेत्सोक्ता नविपुलौ जयोः॥४॥

इमे द्वे युग्मविपुले सैतवस्य मतेन तु।
सर्वेषां युग्मविपुला युजोर्लः सप्तमो यदि॥५॥

इति द्वितीयोऽध्यायः॥

उक्तायाम्॥१।गः॥श्रीः॥१॥अत्युक्तायाम्॥२॥

गो गः।सा स्त्री॥१॥मध्यायाम्॥३॥

धीश्रीस्त्री।सानारी॥१॥

प्रतिष्ठायाम्॥४॥

धीश्रीस्त्रीगः॥ सोक्ता कन्या॥१॥ सुप्रतिष्ठायाम्॥५॥

किंवदगोगः॥ साक्षरपङ्क्तिः॥ गायत्र्याम्॥६॥

धीश्रीस्त्री॥ धीश्रीस्त्री॥ विद्युल्लेखा सोक्ता॥१॥

कागुहाकागुहा॥ स्त्रग्विणी सा मता॥२॥

वरासावरासा तदा सोमराजिः॥३॥

नहसवरासा शशिवदना स्यात्॥४॥

सातेक्ववरासासा स्यात्तनुमध्या॥५॥ उष्णिहि॥७॥

धीश्रीस्त्रीवसुधागः॥ प्रोक्ता सा मदलेखा॥१॥

कदासवसुधागः॥ कुमारललिता सा॥२॥

अनुष्टुभि॥८॥

किंवदकिंवदगोगश्चित्रपदाद्दलयत्या॥१॥

धीश्रीस्त्रीधीश्रीस्त्रीगोगश्चार्धे यत्या विद्युन्माला॥२॥

किंवदसातेक्वलगौ माणवकाक्रीडितकम्॥३॥

कागुहाकदासगोलसा समानिका भवेत्तु॥४॥

कदासकागुहालगौ प्रमाणिका बुधोदिता॥५॥ बृहत्याम्॥१॥

किंवदधीश्रीस्त्रीवसुधा तन्मणिमध्यं बाणयुगैः॥१॥

किंवदधीश्रीस्त्रीधीश्रीस्त्रीपञ्चयुगैस्तत्प्रोक्तं वक्रम्॥२॥

धीश्रीस्त्रीकिंवदवसुधा सिंहाक्रान्ता जलधिशरैः॥३॥

कागुहा कागुहा कागुहा विद्वदुक्ता महालक्ष्मीका॥४॥

पङ्क्तौ॥१०॥

धीश्रीस्त्रीवसुधाकदासगः प्रोक्तं शुद्धविराड्रसैर्युगैः॥१॥

धीश्रीस्त्रीकिंवदनहसगो हंसी वेदैर्ऋतुभिरुदिता॥२॥

कागुहाकदासकागुहागोगैर्युगैर्मयूरसारिणी सा॥३॥

किंवदधीश्रीस्त्रीवसुधा गोरुग् भवती सा स्याद्तिदलयत्या॥४॥

धीश्रीस्त्रीकिंवदवसुधागो मत्ता ज्ञेयाम्बुधिरसयत्या॥५॥

किंवदकिंवदकिंवदगः शास्त्रयुगैः किल चित्रगतिः॥६॥

धीश्रीस्त्रीवसुधावसुधागोबाणैश्चेषुभिरुह्यतमेतत्॥७॥

सातेक्ववरासाकिंवदगो बाणैरिषुभिर्यत्या सुषमा॥८॥

धीश्रीस्त्रीनहसवरा सागोयत्यार्धे स हि पणवः प्रोक्तः॥९॥

नहसकदासवरासागोविपुलभुजा दलयत्या सा ॥१०॥

किंवदसातेक्वनहसगश्चार्धयतिः सा मृगचपला॥११॥त्रिष्टुभि॥११॥

धीश्रीस्त्रीवसुधाकदासगोगः स्कन्दास्यैर्विशिखैस्तदेकरूपम्॥१॥

सातेक्वसातेक्वकदासगोगः स्यादिन्द्रवज्रा शरशास्त्रयत्या॥२॥

कदाससातेक्वकदासगोग उपेन्द्रवज्रा विशिखैर्गुहास्यैः॥३॥

पूर्वद्वयोदीरितचिह्नयुक्ता यदीयपादाः किल सोपजातिः॥४॥

किंवदकिंवदकिंवदगोगो दोधकमीरितमागमबाणैः॥५॥

धीश्रीस्त्रीसातेक्वसातेस्वगोगः शालिन्युक्ता
वेदशैलैस्तु यत्या॥६॥

कागुहानहसकागुहालगौ सप्तवेदविरती रथोद्धता॥७॥

कागुहानहसकिंवदगोगः स्वागतेह यतिरम्बुधिशैलैः॥८॥

कागुहाकदासकागुहालगौ श्येनिकारसैश्च पञ्चभिर्यतिः॥९॥

किंवदसातेक्वनहसगोगो मौक्तिकमालेन्द्रियरसयत्या॥१०॥

धीश्रीस्त्रीकिंवदनहसलगौ वेदैः शैलैर्भ्रमरविलसितम्॥११॥

किंवदसातेक्वनहसगो लसान्द्रपदन्तद्विशिखरसैस्तु॥१२॥

सातेक्वकदासकदासलगौ बाणैर्ऋतुभिः किल मोटनकम्॥१३॥

नहसवरासानहसलगौ कमलदलाक्षी रसविशिखैः॥१४॥

वसुधाधीश्रीस्त्रीनहसलगौ इषुभिः शास्त्रैः सा किल विमला॥१५॥

नहसकदासकदासलगौ विशिखरसैर्गदिता सुमुखी॥१६॥

जगत्याम्॥१२॥

कदाससातेक्वकदासकागुहा यतिस्तु वन्दास्वमिदं
शराद्रिभिः॥१॥

सातेक्वसातेक्वकदासकागुहा स्यादिन्द्रवंशा
विशिखैरथाद्रिभिः॥२॥

एतद्द्वयोदीरितपादसंयुताप्यहीशमुख्यैरुपजातिरीरिता॥३॥

किंवदसातेक्वनहसवसुधाबाणमहीध्रैर्यतिरिह ललना॥४॥

किंवदकिंवदकिंवदकिंवद मोदकमीरितमर्धयतिर्यदि॥५॥

नहसकिंवदकिंवदकागुहा द्रुतविलम्बितं बुद्धिभिर्गजैः॥६॥

वसुधावसुधावसुधावसुधा खलु तोटकमत्र यतिर्दलगः॥७॥

कदासवसुधाकदासवसुधा दले यदि यतिर्जलोद्धतगतिः॥८॥

वरासा वरासा वरासा वरासा भुजङ्गप्रयातं दले चेद्यतिः स्यात्॥९॥

कागुहाकागुहाकागुहाकागुहा चार्धगा चेद्यतिः सा
भवेत्स्रग्विणी॥१०॥

नहसवरासानहसवरा सा दलगयतिः स्यात्कुसुमविचित्रा॥११॥

कदासकागुहाकदासकागुहारसैर्गुहाननैस्तु पञ्चचामरम्॥१२॥

कदासकदासकदासकदासमहीध्रशरैः किल मौक्तिकदाम॥१३॥

सातेक्वकिंवदकदासकागुहा धीरोदितो हि ललिता गजैर्युगैः॥१४॥

सातेक्ववरासासातेक्ववरा सा प्रोक्ता मणिमाला प्राज्ञैर्दलयत्या॥१५॥

वसुधाकदासवसुधावसुधा प्रमिताक्षरा शरनगैरुदिता॥१६॥

नहसकदासकदासकागुहा शरमुनिभिर्यतिरत्र मालती॥१७॥

नहसकदासकदासवरा सा अभिनवतामरसं शरशैलैः॥१८॥

नहसनहसकिंवदकागुहा यदि हि मुनिशरैर्यतिरुज्वला॥१९॥

धीश्रीस्त्रीकिंवदवसुधाधीश्रीस्त्री वार्ध्यष्टाभिर्जलधरमाला यत्या॥२०॥

धीश्रीस्त्रीधीश्रीस्त्रीवरासावरासा बाणैर्भूमिध्रैश्चेद्यतिर्वैश्वदेवी॥२१॥

नहसनहसवसुधावसुधा दलगतयतिरुदितं ललितम्॥२२॥

नहसनहसकागुहाकागुहा दलगतयतिरत्र गौरी भवेत्॥२३॥

अनेकवृत्तान्हि विमिश्रणेनापि विद्वदुक्ता उपजातयो पराः॥२४॥

अतिजगत्याम्॥१३॥

धीश्रीस्त्रीसातेक्ववरा सा वसुधा गोयत्या वेदैः
स्यान्नवभिर्मत्तमयूरम्॥१॥

नहसनहसवसुधावसुधागो वसुशरयतिरुदिता कमलाक्षी॥२॥

कदासकिंवदवसुधाकदासगः श्रुतिग्रहैरतिरुचिरा बुधोदिता॥३॥

नहसनहससातेक्वसातेक्वगो मुनिगुहवदनैरीरिता स्यात्क्षमा॥४॥

वसुधाकदासवसुधाकदासगो विशिखैर्गजैर्भवति मञ्जुभाषिणी॥५॥

धीश्रीस्त्रीनहसकदासकागुहागो नागोक्ता गुणदशभिः प्रहर्षिणी
सा॥६॥

किंवदकिंवदकिंवदगः स्यान्मुनिभिश्च रसैर्यतिरङ्गरुचिः॥७॥

सातेक्वकिंवदवसुधाकदासगो लक्ष्मीर्युगाङ्कयतिः॥८॥

रथादिलामृतम्॥९॥

नहसकदासनहसवसुधा गोमदललिता मुनिरसयतिरुक्ता॥१०॥

शक्वर्याम्॥१४॥

नहसनहसनहसनहसगोगो यदि वसुरसयतिरिहमुपचित्रम्॥१॥

नहसकदासकिंवदकदासलगौ मणिकटकशरैर्नवभिरत्र यतिः॥२॥

नहसकागुहानहसकागुहा लगौ बुधवरेरितं रसगजैः सुकेसरम्॥३॥

नहसनहसकिंवदनसलगौ दलयतिरुदिता प्रहरणकलिका॥४॥

सातेक्वकिंवदकदासकदासगोगः प्रोक्ता वसन्ततिलका॥

गजशास्त्रयत्या उद्धर्षिणीयमुदिता किल सैतवेन सिंहोन्नतेति गदिता
मुनिकाश्यपेन॥५॥

वसुधाकदासवसुधावरासालगौ वसुधेति तद्भवति बाणखेटैर्यतिः॥६॥

किंवदनहसनहसनहसलगौ चक्रमिति दलयतिगदितमहिना॥७॥

नहसनहससातेक्वसातेक्वगोगोनगमुनिगयतिः स्यात्स उक्तो
वसन्तः॥८॥

धीश्रीस्त्रीकागुहासातेक्वसातेक्वगोगः शैलैरश्वैर्यतिश्चेद्विद्वदुक्ता
हि लक्ष्मीः॥९॥

अतिशक्वर्याम्॥१५॥

नहसनहसनहसनहसवसुधा बुधवरगदितमिदमिह शशिकला।
स्रगिति भवति यदि रसनवगयतिर्वसुनगयतिरिह
मणिगुणनिकरः॥१॥

नहसनहसधीश्रीस्त्रीवरासावराविबुधवरसमुक्ता मालिनी नागशैलैः॥२॥

नहसकदासकिंवदकदासकागुहामुनिवसुभिस्तदीरितमिह
प्रभद्रकम्॥३॥

वसुधावसुधावसुधावसुधावसुधाभ्रमरा-
वलिरष्टभिरद्रिभिरत्र यतिः॥४॥

धीश्रीस्त्रीधीश्रीस्त्रीधीश्रीस्त्रीधीश्रीस्त्रीधीश्रीस्त्री।
कामक्रीडासंज्ञं छन्दोऽष्टाभिः शैलैर्यत्या स्यात्॥५॥

कागुहाकदासकागुहाकदासकागुहा।
नागसप्तभिर्यतिः प्रभाषितं हि तूणकम्॥६॥

अष्ट्याम्॥१६॥

किंवदकिंवदकिंवदकिंवदकिंवदगः।
संगतमद्रिरवगैर्यदि तत्फणिना गदितम्॥१॥

नहसनहसनहसनहसनहसल।
दलगयतियुतमिदमचलधृतिरिति॥२॥

धीश्रीस्त्रीधीश्रीस्त्रीधीश्रीस्त्रीधीश्रीस्त्रीधीश्रीस्त्री
गश्चाष्टाभिर्नागैर्यत्या सा छन्दोविद्भिः कामुक्युक्ता॥३॥

कदासकागुहाकदासकागुहाकदासगो दले यतिर्यदीरितं
बुधैस्तु पञ्चचामरम्॥४॥

कागुहाकदासकागुहाकदासकागुहा
गश्चित्रनामपङ्क्तिभी रसैर्यति-
स्तदीरितं स्यात्॥५॥ अत्यष्ट्याम्॥१७॥

कदासवसुधाकदासवसुधावरासालगौ।
वसुग्रहमितैर्यतिर्भवति सा हि पृथ्वी मता॥१॥

नहसवसुधाधीस्त्रीकागुहावसुधालगौ
यतिरिह गुहास्यैर्वेदैरद्रिभिर्हरिणी भवेत्॥२॥

वरासाधीश्रीस्त्रीनहसवसुधाकिंवदलगौ।
रसैरुद्रैर्यत्या फणिपगदिता सा शिखरिणी॥३॥

धीश्रीस्त्रीकिंवदनहससातेक्वसातेक्वगोगो।
मन्दाक्रान्ता भवति निगमैरागमैः सप्तभिः सा॥४॥

नहसवसुधाकदासवसुधावरासालगौ।
द्विरदनवभिर्यतिः समुदितः स मालाधरः॥५॥

नहसकदासकिंवदकदासकदासलगौ यतिरिह चेन्नगैश्च दशभिः
खलु नर्कुटकम्।
नगगुहवक्त्रा वार्धियति चेत्किल कोकिलकं इह यतिभेदतो
भवति नामयुगं गदितम्॥६॥ धृत्याम्॥१८॥

धीश्रीस्त्रीसातेक्वनहसवरासावरासावरा साबाण-
र्त्वश्वैश्चेत्कुसुमितलता वेल्लिता विद्वदुक्ता॥१॥

धीश्रीस्त्रीकिंवदनहसवरासावरासावरासा।
विद्वद्वर्यैर्निगममुनिनगैः कीर्तिता चन्द्रलेखा॥२॥

नहसनहसकागुहाकागुहाकागुहाकागुहा।
इह खगनवभिर्यतिश्चेद्भवेत्सा महामालिका॥३॥

किंवदकिंवदकिंवदकिंवदकिंवदवसुधा।
स्कन्दमुखैस्त्रिषु चाश्वगतिर्विबुधैः किल गदिता॥४॥

वरासावरासावरासावरासावरासावरासावरासा।
गुहास्यैस्त्रिषु स्याद्यतिः कीर्तितं तद्भवेच्चन्द्रमाख्यम्॥५॥

धीश्रीस्त्रीधीश्रीस्त्रीकिंवदधीश्रीस्त्रीवसुधाधीश्रीस्त्री।
खेटैरङ्कैर्यत्या सा किल संप्रोक्ता फणिना मञ्जीरा॥६॥

कागुहावसुधाकदासकदासकिंवदकागुहा।
वाऽष्टपङ्क्तिभिरष्टभिर्विशिखैः शरैर्यतिरुज्ज्वलम्॥७॥

वसुधानहसकदासनहसकिंवदवसुधा।
इषुभिस्त्रिषु दहनैश्चरमयतिः खलु सुरभिः॥८॥ अतिधृत्याम्॥१९॥

धीश्रीस्त्रीवसुधाकदासवसुधासातेक्वसातेक्वगो।
मार्तण्डैर्मुनिभिर्यतिस्तदुदितं शार्दूलविक्रीडितम्॥१॥

नहसनहसनहसनहसनहसनहसगो।
वसु मृडयति खलु विबुधगदितमिह धवलाम्॥२॥

वरासाधीश्रीस्त्रीनहसवसुधाकागुहाकागुहागो।
रसैस्तर्कैः शैलैर्यतिरिह तु सा मेघविस्फूर्जिता स्यात्॥३॥

नहसनहसकागुहाकदासकागुहाकदासगो।
यतिरिह ऋतुभिर्गुहाननैर्नगैः स पञ्चचामरः॥४॥ कृत्याम्॥२०॥

कागुहाकदासकागुहाकदासकागुहाकदासगोल।
वृत्तनामकं हि तद्रसैस्तथा गमैर्गजैः प्रभाषितं हि॥१॥

किंवदकिंवदकिंवदकिंवदकागुहावसुधालगौ।
स्कन्दमुखैश्च रसैर्द्विरदैर्यतिरीरितं खलु नन्दकम्॥२॥

वसुधाकदासकदासकिंवदकागुहावसुधालगौ।
यतिरर्धकत्रे समीरिता विबुधोत्तमैः खलु गीतिका॥३॥
प्रकृत्याम्॥२१॥

धीश्रीस्त्रीकागुहाकिंवदनहसवरासावरासावरासा।
स्यात्त्रैर्गोत्रेषु यत्या फणिवरगदिता स्रग्धरा सा प्रसिद्धा॥१॥

नहसकदासकिंवदकदासकदासकदासकागुहा।
यतिरिह शङ्करैश्च दशभिः फणिना खलु सिद्धिरीरिता॥२॥

आकृत्याम्॥२२॥

वसुधासातेक्वसातेक्वनहसवसुधाकागुहाकागुहागो।
वसुभिः शैलैर्महीध्रैर्यतिरिह विबुधोक्ता महास्रग्धरा स्यात्॥१॥

किंवदकिंवदकिंवदकिंवदकिंवदकिंवदकिंवदगः।
स्कन्दमुखागमपङ्क्तिभिरत्रधैयतिर्विबुधैर्गदिता मदिरा॥२॥

विकृत्याम्॥२३॥

नहसकदासकिंवदकदासकिंवदकदासकिंवदलगौ।
यतिरिह शूलिभिश्च रविभिः फणीशगदितं ततश्च ललितम्॥१॥

सातेक्वकदासकदासकदासकदासकदासकदासलगौ।
यत्या विशिखैर्ऋतुभिश्च गुहालपनैश्च रसैरिह शङ्ख इति॥२॥

नहसकदासकदासकदासकदासकदासकदासलगौ।
भवसातेक्वकिंवदवरासाकदासवसुधाकागुहानहसगः।
नागेशमुख्यबुधसंप्रोक्तमद्रिमुनिनागैर्यतिः सपदिका॥३॥

त्रियतिर्गिरिशै रविभिः फणिना गदिता किल हंसगतिः॥३॥
संस्कृत्याम्॥२४॥

किंवदकिंवदकिंवदकिंवदकिंवदकिंवदकिंवदकिंवद।
द्वादशभिर्यतिरर्कमितैश्च सुभद्रमिदं फणिना कथितं किल॥१॥

वसुधावसुधावसुधावसुधावसुधावसुधावसुधावसुधा।
मिहिरै रविभिर्यतिरत्र तदा विबुधैर्गदिता खलु सोर्मिलिका॥२॥

किंवदकिंवदकिंवदसातेक्वनहसनहसनहसवसुधा।
तर्कशरैर्यदि विश्वमितैश्च द्रुतलघुपदगतिरिह गदिता॥३॥

किंवदसातेक्वनहसवसुधाकिंवदकिंवदनहसवरासा।
भूतनगद्वादशभिरिह यतिः सा प्रथिता प्रभवति भुवि तन्वी॥४॥

अभिकृत्याम्॥२५॥

नहसनहसनेहसनहसवसुधाकिंवदकिंवदकिंवदगो।
द्विरदतुरगदशयतिरिह कथितो हंसलयो विबुधैः किल
सः॥१॥

सातेस्ववासाकिंवदकिंवदनहसनहसनहसनहसगः।
साह्वं सपदा सा प्राज्ञवरैर्दशवसुनगयतिरिह किल भणिता॥२॥
किंवदधीश्रीस्त्रीवसुधाकिंवदनहसनहसनहसन हसगः।
क्रौञ्चपदस्यात्सेन्द्रियबाणाष्टनगविरतिरिह फणिपतिकथिता॥३॥
उत्कृत्याम्॥२६॥

धीश्रीस्त्रीधीश्रीस्त्रीसातेक्वनहसनहसनहसकागुहावसुधालगौ।
तत्प्राज्ञैरष्टाभी रुद्रैर्मुनिभिरिह विरतिरुदितं भुजङ्गविजृम्भितम्॥१॥

नहसकदासकिंवदकदासकदासकदासकिंवदकदासलगौ।
फणिपतिमुख्यविद्वदुदितो मनुभिर्मिहरैर्यतिः स हि सुधाकलशः॥२॥

वसुधानहसनहसकिंवदनहसकदासनहसवसुधा।
अमृतध्वनिरिति कविभिर्निगदितमिह रवे दृशिरवारिना रवेर्यतिः॥३॥

नहसनहसकागुहाकागुहाकागुहाकागुहाकागुहाकागुहाकागुहा।
फणिपतिभणितस्तु नक्षत्रसंख्याक्षरश्चण्डवृष्टिप्रयाताभिधो दण्डकः॥१॥

प्रचित इतरगणैर्यतिभिः सप्तभिश्चेत्कृतो नागनाथोदितो न द्वयात्स्यात्।
अधिकगणविवृद्ध्यापि नानाभिधाना विभावर्यन्यरीत्यापि नानाविधाः
स्युः किल॥२॥

इति तृतीयोऽध्यायः॥

वसुधावसुधावसुधालगौकिंवदकिंवदगोगः।
ऋतुभिर्विशिखैर्निगमैर्नगैश्चेद्यतिरीरितमित्युपचित्रम्॥१॥

किंवदकिंवदकिंवदगोगोनहसकदासकदासवरासा।
अम्बुधिभिर्मुनिभिर्विशिखैश्चेद्यतिरचलैश्च तदा द्रुतमध्या॥२॥

वसुधावसुधावसुधालगौनहसकिंवदकिंवदकागुहा।
ऋतुभिर्विशिखैः श्रुतिभिर्यतिर्वसुभिरत्र मता हरिणप्लुता॥३॥

वसुधावसुधाकदासगोवसुधाकिंवदकागुहलगौ।
ऋतुभिः श्रुतिभिश्च सागरैरिह शैलैरुदिता प्रबोधिता॥४॥

वसुधावसुधावसुधागःकिंवदकिंवदकिंवदगोगः।
अनलैरचलैर्ऋतुभिश्चेत् वेगवती यतिरत्र च बाणैः॥५॥

सातेक्वकदासकागुहागोधीश्रीस्त्रीवसुधाकदासगोगः।
बाणैरिषुभिर्गुहाननैश्चेत् बाणैर्भद्रविराट् सुधीभिरुक्ता॥६॥

सातेक्वसातेक्वकदासगोगःकदासासातेक्वकदासगोगः।
आख्यानकी सा फणिना प्रदिष्टा शरैर्गुहास्यैर्विशिखैश्च शास्त्रैः॥७॥

कदाससातेक्वकदासगोगःसातेक्वसातेक्वकदासगोगः।
शरैश्च शास्त्रैरिषुभिर्गुहास्यैराख्यानकी सा विपरीतपूर्वा॥८॥

नहसनहसकागुहालगौनहसकदासकदासकागुहा।
यतिरिह मुनिभिर्युगैः शरैस्तदपरवक्त्रमुदीरितं नगैः॥९॥

नहसनहसकागुहावरासानहसकदासकदासका गुहागः।
इह यतिरचलैः शरैर्गजैश्चेदिषुभिरहीशमता तु पुष्पिताग्रा॥१०॥

वसुधावसुधाकदासगोगोवसुधाकिंवदकागुहावरासा।
ऋतुभिर्विशिखैर्युगैर्गजैश्चेद्विबुधोक्ता हि वसन्तमालिका सा॥११॥

इति चतुर्थोऽध्यायः॥

इति शतकं वृत्तानां गजसप्ततिवृत्तसंयुतं प्रोक्तम्।
अन्यग्रन्थस्थानि प्रस्तारान्तर्गतानि वृत्तानि॥१॥

वैतालीयकपदचतुरुर्ध्वादीन्यपि च विषमचरणानि।
विषमार्धानि च गाथा लिखितानि मया न रम्यतो तानि॥२॥

वृत्तार्णैर्वृत्तलाहीनाः शेषागागैर्विना तु लाः।
लालैर्हीनाः शेषदलमितागाश्छन्दसि स्मृताः॥३॥

प्रस्तारो नष्टमथोद्दिष्टं चैकादि संख्यगलभेदाः।
संख्याध्वयोग इति ते वृत्तज्ञानस्य हेतवः षट्स्युः॥४॥

वृत्ते सर्वगुरन्घ्रिर्लेख्यः पङ्क्त्यादि गादधस्तु लघुः।
पश्चादुपरिसदृक् स्यात्प्रागूनेगः पुनः पुनश्चैवम्॥५॥

यावत्सर्वलघुः स्यात्प्रस्तारोऽयं लघुक्रमाद्वा स्यात्॥
ह्याद्यास्तत्तद्विगुणा उक्तादि समप्रभेदसंख्या स्यात्॥६॥

तत्संख्यापूर्त्यवधि लिखेद् गलानुत्तराधरत्वेन।
आद्यालावेकैर्कतत्तद्द्विगुणान् क्रमेण तत्पश्चात्॥७॥

पादार्णमित्यवधि वा प्रस्तारो वै परीत्यतो वायम्।
उपयुक्तो ज्ञाने स्याल्लोके सर्वाणि सन्ति नैतानि॥८॥

औत्तराधर्येण वर्णप्रस्तारक्रमः

S	I	S	I	S	I	S	I
S	S	I	I	S	S	I	I
S	S	S	S	I	I	I	I

गुरुक्रमेण प्रस्तारः

S	S	S	S
I	S	S	S
S	I	S	S
I	I	S	S
S	S	I	S
I	S	I	S
S	I	I	S
I	I	I	S
S	S	S	I
I	S	S	I
S	I	S	I
I	I	S	I
S	S	I	I
I	S	I	I
S	I	I	I
I	I	I	I

लघुक्रमेण प्रस्तारः

I	I	I	I	I
S	I	I	I	२
I	S	I	I	३
S	S	I	I	४
I	I	S	I	५
S	I	S	I	६
I	S	S	I	७
S	S	S	I	८
I	I	I	S	९
I	S	S	I	१०
S	I	S	I	११
I	I	S	I	१२
S	S	I	I	१३
I	S	I	I	१४
S	I	I	I	१५
I	I	I	I	१६

सप्तमआर्यास्थवर्णप्रस्तारः

ऽ	ऽ	ऽ	१
।	ऽ	ऽ	२
ऽ	।	ऽ	३
।	।	ऽ	४
ऽ	ऽ	।	५
।	ऽ	।	६
ऽ	।	।	७
।	।	।	८

नष्टममुकसंख्यं यत्प्रस्तारे कीदृशं तदिति पृष्टे।
सा संख्या विगा चेत् गुर्युक् चेल्लघुरयुक् तदा चैकम्॥९॥

मिश्रं कृत्वा तद्दलमसनं युक् चेत्तु पूर्ववल्लेख्यम्।
एवं भूयो वृत्ताक्षरसंख्या पूर्त्यवधि तन्नष्टम्॥१०॥

उद्दिष्टं प्रस्तारे किंसंख्यं वृत्तमेतदिति पृष्टे।
तस्मिन्नाद्यादुपरिद्विगुणानङ्कान् समाध्यधि विलिखेत्॥११॥

लघुगाये तत्राङ्का मिश्राः सैकास्तु भवति तत्संख्या।
उद्दिष्टाङ्कसमूहः सैकः प्रस्तारनिचयसंख्या स्यात्॥१२॥

एकैकाङ्कान् वृत्तपादार्णमानान् सैकान् संलिख्यौत्तराधर्यतोऽथ।
ऊर्ध्वस्थेङ्केऽधरमङ्कं विमिश्रमन्त्यं त्यक्त्वा कुर्वथान्त्यं त्यजाङ्कम्॥१३॥

इति नष्टं चतुर्वर्णप्रस्तारे द्रष्टव्यम्

चतुर्वर्णप्रस्तारे नष्टं वृ 4 तत्संख्यावि. गु	ऽ
असमा एकमिश्रणेन ६ अर्धं ३ दिव गुरु	ऽ
पुनः एकमिश्रणेन ४ तदर्धं २ समं ल	।
तदर्धं १ सा संख्यादिव अतो गुरुः	ऽ

उद्दिष्टं वृत्तचतुर्वर्णप्रस्तारे अत्र लघुरुद्राङ्काः १,२ मिश्रिताः३

एकयुक्ताः ४ तत्संख्यं वृत्तं प्रस्तारे द्रष्टव्यं

उद्दिष्टाङ्काः सर्वमिश्रणे १५ सैकाः १६

1	2	4	8
।	।	ऽ	ऽ

सा सर्वप्रस्तारसंख्या।

पादे वर्णाश्चत्वारः ४ एक ।१। सर्वगुरु-

मिश्रणे ५ तत्प्रमाणाः एकां ।१।४। एकगुरु-

काः ऊर्ध्वमेकैकं त्यक्त्वा।१।३।६।द्विगुरुः

अधस्थस्योपरि उपरि।१।२।३।४।त्रिगुरुः

मिश्रणेन पश्च वल्यः त।१।१।१।१।१। सर्वलघुः

क्ली वर्गाङ्काः ऊर्ध्वाधःक्रमेण सर्वैकादिगलबोधकाः
सर्वेषामेकीकरणे सर्वप्रस्तारसंख्या।१६।

कुर्याद्यावदङ्कद्वयस्य शेषोऽथोर्ध्ववस्थितौ तौ समग्रौ।
कुर्यादेवमङ्कद्वयस्य यावच्छेषोऽधस्तुमूर्ध्वं च हित्वा।
ऊर्ध्वादेकह्यादि गाः खल्वधस्तो भेदा एकह्यादिकारछन्दसः
स्युः ॥१४।छ॥

तेषां संख्यैकीकृता सर्वसंख्या स्यात्साद्विघ्नैकोनिता उर्ध्वा स उक्तः।
प्रस्तारग्ला अङ्गुलौ लेखनीया अन्यप्रस्तारस्य मध्येऽङ्गुलिः
स्यात्॥१५।छ॥

सर्वगुरुं प्रिर्लेख्यस्तत्राद्याद्गदधोलघुः पश्चात्।
ऊर्ध्ववदूने प्राग्लो द्वौ चेद्गश्चेत् त्रयस्तु गोः प्राग्लः॥१६॥
युगचुक्ष्वेवं यावत्सर्वलघुः स्यादयं हि मात्राणाम्।
प्रस्तारः स्यादथ तन्मात्राः संलिख्य चरणगास्तु पृथक्॥१७॥
तदुपर्येकद्वित्रीनग्रे प्राग्द्वितयमिश्रितानङ्कान्।
अन्त्याङ्के प्रश्नाङ्कं विलोप्य तत्पूर्वपूर्वगाङ्कान्॥१८॥
संभवतो लुप्ताङ्काधस्थो लः परलयुक् सगो लेख्यः।
तन्मात्रानष्टं स्यादुद्दिष्टं तद्विलिख्य पूर्वाङ्कान्॥१९॥
मात्रोपरिगोरुपरि तु तत्प्रथमाया अधस्तदितरस्याः।
अन्त्यो गुरूपरिस्तैर्वियुतः शेषस्तु भवति तत्संख्या॥२०॥
एकाद्यङ्कैराद्याद्द्विगुणैर्व्याद्यैर्द्वितीयका तुर्या।
पङ्क्तिद्वयगैरङ्कैरन्योन्यघ्नैश्च पञ्चमी षष्ठ्यौ॥२१॥

चतुर्मात्राप्रस्तारः

	ऽ	ऽ	।	ऽ	।	।	४	ऽऽ	।
।	।	ऽ	२	।	।	।	५	।ऽ	।।
।	ऽ	।	३						

षणमात्रा प्रस्तरे चतुर्थं वृत्तं नष्टं तन्मात्रा ६
तत्प्रस्तारसंख्या १३ तत्रस्थष्ट्यङ्क ४ लोपेन ९
तत्र अन्त्याङ्कपूर्व ८ तत्पूर्व १३ उभयोर्लोपे लुप्ताङ्का-
धस्तु लघुः परमिश्रणेन गुरुः।

१	२	३	५	७	१३
।	।	।	।	।	।
२	३	५	१३		
।	।	।	।		
ऽ	।	।	ऽ		

षणमात्राप्रस्तारे इदं वृत्तं किं संख्यमिति पृष्टे
वृत्तान्त्याङ्कः १३ गुरुपरिस्तुः ८।१। मिलित्वा ९
तद्रहितं ४ तत्संख्यं वृत्तं प्रस्तारे द्रष्टव्यम्।

१	३	५	७
ऽ	।	।	ऽ
		१	३

मात्राप्रस्तारः

ऽ	ऽ	ऽ			१
।	।	ऽ	ऽ		२
।	ऽ	।	ऽ		३
ऽ	।	।	ऽ		४
।	।	।	।	ऽ	५
।	ऽ	ऽ	।		६
ऽ	।	ऽ	।		७
।	।	।	ऽ	।	८
ऽ	ऽ	।	।		९

।	।	ऽ	।	।		१०
।	ऽ	।	।	।		११
ऽ	।	।	।	।		१२
।	।	।	।	।	।	१३

तुर्यार्धं कैस्त्रिमिता तु चतुःपञ्चालिमिश्रादङ्कैः।
षट्पङ्क्तिमयी जातिप्रभेदमात्रार्णगलविबोधकारी॥२२॥

समवृत्तेषु फणिपमुखवृत्तज्ञैर्वर्णमर्कटी कथिता।
तेष्वाद्येऽन्त्ये चैकं वधिद्व्यादीन्यैकैकवृद्ध्यकोष्ठानि॥२३॥

अङ्कद्वन्द्वं मिश्रं मध्येषु शिरस्थकोष्ठयुगलगतम्।
अनुलोमकृत्वा धरेन्दुकमेवमेव लिखेत्॥२४॥

संख्ये विलोमाभ्यां ससैंकादिग्लभेदवृत्तोऽयम्।
वृत्ताभिज्ञैरेवं प्रोक्तः समवर्णमेरुरयम्॥२५॥

वर्णमेरुरयम्

उक्ता	१	१	२									
अयुक्ता	१	२	१	४								
मध्या	१	३	३	१	८							
प्रति	१	४	५	४	१	१६						
सुप्र.	१	4	१०	१०	4	९						
गाय	१	६	१५	२०	१५	६	१	६४				
उछि	१	७	२१	३५	२१	७	१	१२८				
अनु.	१	८	२८	५५	७०	५६	२८	८	१	२५६		
बृहती	१	७	३६	८४	१२६	१२६	८४	३६	७	९	५१२	
पंक्ति	१	१०	४५	१२०	२१०	२५२	२१०	१२०	४4	१०	१	१०२४

वर्णमर्कटी	उ०	अत्यु०	म०	प्रति	सुप्र०	गाय	उछि	अनु	बृह	पङ्क्ति
जातिः	१	२	३	४	५	६	७	८	९	१०
भेदः	२	४	८	१६	३२	६४	१२८	२५६	५१२	१०२४
मात्राः	३	१२	३६	९६	२४०	५७६	१३४४	३६७२	६९१२	१५३६०
वर्णः	२	८	२४	६४	१६०	२८४	८९६	२०४८	४९०८	१०२४०

गुरुः	१	४	१२	३२	८०	१९२	४४८	१०२४	२३०४	५१२०
लघु	१	४	१२	३२	८०	१९२	४८८	१०२४	२३०४	५९२०

एकाद्यङ्कैः प्रथमा मात्रोद्दिष्टाङ्कपूरिता ह्यपरा।
त्र्याल्या एकेनाद्यं द्विमितं तदुपरिगतद्धुवा केन॥२६॥

स्वप्राक्स्थस्वशिरस्थस्वाङ्कभवैरग्निमाणिकोष्ठानि।
प्रथमं मुक्त्वान्त्योनत्रिमिता प्रथमादिगाङ्कयुक् तुर्या॥२७॥

त्रिचतुःश्रेणिगताङ्कोन्मिश्रणरचिता तु पञ्चमी पङ्क्तिः।
मिश्रैः शरचतुरालिरुदाङ्कैः षष्ठीह तर्कपङ्क्तिमयी॥२८॥

स्याज्जातिभेदलघुगाक्षरमात्रा पुत्ययप्रदा कथिता।
मात्रामर्कद्येवं मात्राछन्दः सुवृत्तशास्त्रज्ञैः॥२९॥

व्यादीनां कोष्ठानो द्वे द्वे पङ्क्ती समास्पदे कृत्वा।
आद्येद्येकद्येकत्र्येकादीनेकमेव चान्त्येषु॥३०॥

ऊर्ध्वालिः स्वसकोष्ठा चेत्स्वशिरस्तं तदूर्ध्वदक्षस्तम्।
एकं कृत्वाधस्तनकोष्ठाङ्का न तुल्यकोष्ठा चेत्॥३१॥

मात्रामेरुरयम्

२	१	१	२						
३	२	१	३						
४	१	३	१	५					
५	[illegible]	४	१	८					
६	१	९	१५	१	१३				
७	४	१०	९	९	१	२१			
८	१	१०	१५	७	१	३४			
९	५	२०	२१	८	१	५५			
१०	१	१५	३५	२८	९	१	८९		
११	९	३५	५६	३९	१०	१	१४४		
१२	१	२१	७०	८४	४५	११	१	२३३	
१३	[illegible]	५९	१२९	१२०	५५	१२	१	३७७	
१४	१	२८	१२९	२१०	१९५	९९	१३	१	९१०
१५	८	८४	२५२	३३०	२२०	७८	१४	१	९८७

मात्रामर्कटी

जाति	१	२	३	४	५	६	७	८	९	१०
भेद	१	२	३	५	८	१३	२१	३४	५५	८९
लघु	१	२	५	१०	२०	३८	७१	१३०	२३५	४२०
गुरु	०	१	२	५	१०	२०	३८	७१	१३०	२३५
अक्ष०	१	३	७	१५	३०	५८	१०९	२०९	३९५	६५५
मात्रा	१	४	९	२०	४०	७८	१४७	२७२	४९५	८९०

वामोर्ध्वगतदृक्षोर्ध्वगमिश्राङ्कानधस्तनेषु लिखेत्।
वामो बाह्ये द्व्यादीन्मात्रा नष्टश्छितान्परत्रैतान्॥३२॥

प्रथम	द्वितीया	तृतीया	चतुर्थ	पंचम	परिभा.	आर्या	मात्रा समक	मात्रा वृत्त	वक्त्र	उक्ता		अत्यु.	मध्या
२५	२४	१४१	११	३४	२५	९	७	३	५	१		१	१
पङ्क्ति	त्रिष्टु	जग.	अ.ज.	शक्व.	अ.शक्व.	अष्टि.	अत्य.	धृति	अति	कृति	प्रकृ.	आकृ	विकृ
११	१६	२४	१०	९	६	५	८	४	३	२	३	३	

प्रति	सुप्र	गाय	उष्ठि	अनु	बृह.
१	१	५	२	५	४
संस्कृ	अभि	उत्कृ	दण्ड	अर्ध	
४	३	२	३	११	

दक्षादितः प्रभेदाः सर्वलघुश्चैकगुरुमुखायुक्च।
सर्वगुरन्त्ये मात्राद्वययुक् चरणादिवृत्तसंघस्य॥३३॥

मात्रामेरुरयं स्यान्मात्राछन्दःसुकोविदैरुदितः।
इति वृत्तबोधहेतुः प्रस्तारादि क्रिया मया गदिता॥३४॥

॥इति पञ्चमोऽध्यायः॥

पञ्चाध्यायनिबन्धोऽयं तस्मिन्नादिमे तु परिभाषा।
मात्राछन्दो वक्त्रं द्वितीयके गुणमिते तु समवृत्तम्॥१॥

अर्धसमं तुर्ये स्यात् प्रस्तारादि क्रिया तु पञ्चमके।
परिभाषा तत्त्वमिताथार्याणां नव च सप्त लघुसमके॥२॥

लामन्यानि त्रीणि वक्त्रे पञ्च क्रमादथोक्ताद्ये।
एकैकमाद्यपञ्चसु पञ्चैव द्वे च पञ्च चत्वारि॥३॥

रुद्रा भूपा बुद्ध्या दशनवषट्पञ्चषट्गजा वेदाः।
त्रीणि द्वे त्रयमनलाश्रुतयस्त्रीण्यश्विनौ त्रय रुद्राः॥४॥

एवं वसुसप्तत्यायुक् छन्दः शतमथो चतुस्त्रिंशत्।
अन्त्या मिलिता संख्यास्मिन् सप्तत्रिंशदधिकशतयुगलम्॥५॥

श्रीमान् कृष्णात्रिगोत्रे बुधवरमहितो याजुषो रामसूनु-
र्योगी सिद्धेश्वराख्यः सकलहितकरस्तत्सुतो रामचन्द्रः।
ग्रन्थो वृत्ताभिरामाभिध इह रचितस्तेन शाकेरसाब्धि-
क्ष्माभूभृद्भूसंमिते श्रीरघुवरपदयोरर्पितस्तारणेऽब्दे॥६॥

इति श्रीमद्विद्वन्मुकुटालङ्कारहीरवरश्रीमत्सिद्धेश्वरसूरिसूनु-
श्रीमद्रामचन्द्रपण्डितविरचितो वृत्ताभिरामनामायं ग्रन्थः समाप्तः॥

श्रीसीतारामचन्द्रो जयतितराम्॥

श्रीमहालक्ष्म्यै॥

श्रीगुरवे॥

श्रीसरस्वत्यै नमस्कुर्मः॥